Anneke Goertz

ICH HELF DIR

Do-it-yourself-Tipps, die alten Menschen den Alltag leichter machen

BELTZ

Dieses Buch ist auch als E-Book erhältlich:
ISBN 978-3-407-22573-3

Die im Buch veröffentlichten Ratschläge wurden mit größter Sorgfalt und nach bestem Wissen von der Autorin erarbeitet und geprüft. Eine Garantie kann jedoch weder vom Verlag noch von der Verfasserin übernommen werden. Die Haftung der Autorin bzw. des Verlages und seiner Beauftragten für Personen-, Sach- oder Vermögensschäden ist ausgeschlossen.
Das Werk und seine Teile sind urheberrechtlich geschützt. Jede Nutzung in anderen als den gesetzlich zugelassenen Fällen bedarf der vorherigen schriftlichen Einwilligung des Verlages. Hinweis zu § 52 a UrhG: Weder das Werk noch seine Teile dürfen ohne eine solche Einwilligung eingescannt und in ein Netzwerk eingestellt werden. Dies gilt auch für Intranets von Schulen und sonstigen Bildungseinrichtungen.

www.beltz.de

© 2015 Verlagsgruppe Beltz, Werderstraße 10, 69469 Weinheim
Lektorat: Tarek Münch
Umschlaggestaltung: www.stefanielevers.de (Gestaltung),
www.stephanengelke.de (Beratung)
Illustrationen Umschlag: © Illustration: Stefanie Levers
Autorenfoto: © Leoni Reinders
Konzept, Layout und Illustration: Anneke Goertz
Herstellung: Lelia Rehm
Druck und Bindung: Beltz Bad Langensalza GmbH, Bad Langensalza
Printed in Germany

ISBN 978-3-407-86400-0
1 2 3 4 5   19 18 17 16 15

Für meine »kleine« und Groß(e)mutter

INHALT

Vorwort — 6
Los geht's! — 10

☼ MORGENS

Der Körper — 14
Im Bad — 18
   Waschen — 20
   Zähneputzen — 24
   Rasieren — 28
Kleidung — 36
Medikamente — 40
Alternativen — 44

☼ MITTAGS

Haushalt — 48
   Putzen — 48
   Einkaufen — 52
In der Küche — 56
   Kochen — 58
   Backen — 64
   Essen — 70
   Trinken — 76
Alternativen — 80

NACHMITTAGS

Kommunikation	84
Der Körper	88
Draußen	98
Fahrradfahren	100
Gartenarbeit	104
Alternativen	110

ABENDS

Spielen	114
Lesen	122
Merken	126
Kleidung	130
Alternativen	134

NACHTS

Sicherheit	138
Schlafen	142
Alternativen	148

Zum Schluss	150
Herstellerliste	154
Quellen	158

VORWORT

WIE ALLES BEGANN

Eines Tages, zwischen Vorlesung und Werkstattkurs, saß ich mit einer Freundin zusammen, die mir von ihrer demenzkranken Oma erzählte. Immer wieder wolle sie nach Hause und hätte sich schon ein paarmal vom Pflegeheim auf den Weg gemacht. Ich war gerade nach Potsdam gezogen, um Produktdesign zu studieren, und spürte intensiv, was Heimat bedeutet.

Später half ich beim jährlichen Tanztee für Senioren in einem Freizeitzentrum. Neben dem Getränke Ausschenken und Kuchen Verteilen war ich einfach für die Gäste da. Nach dem Tee kam der Tanz. Eine Frau an meinem Tisch wippte wie wild im Takt der Musik und schien mir etwas traurig zu sein, weil sie keinen Tanzpartner hatte. Nach längerem Zögern sprang ich über meinen Schatten und forderte sie auf. Meine anfängliche Scheu und Scham wurden durch ihre Dankbarkeit und die Freude in ihren Augen wettgemacht und belohnt. Es war ein toller Moment, der mir gezeigt hat, wie wenig es braucht, um anderen Menschen eine Freude zu machen und wie gut es einem selber tut.

Irgendwann brauchen wir alle Hilfe, spätestens im Alter. Diese Hilfe muss nicht perfekt sein, sondern nützlich, erschwinglich und leicht realisierbar. So gab es für die Senioren ein schönes Kegelspiel aus Holz. Es verursachte aber ein so lautes Donnern, dass die

Spielerinnen und Spieler ängstlich zusammenzuckten. Offenbar weckte das laute Geräusch der Kugeln und der umstürzenden Kegel Erinnerungen an den Krieg. Hier wurde die Ästhetik der Nutzbarkeit vorgezogen. Das wollte ich ändern.

Für meine Masterarbeit besuchte ich verschiedene Pflegeheime und erlebte dort viele schöne, lustige und auch traurige Momente. Und ich erfuhr, was alte Menschen im Alltag brauchen. So wuchs meine Sammlung kleiner bis großer Tricks, die ich vor Ort erlebte oder selbst entwickelte und ausprobierte. Das Ergebnis ist dieses Buch.

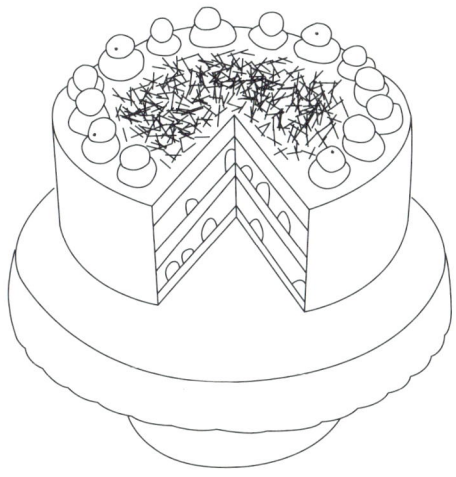

VORWORT

JEDER KANN MITMACHEN

An dieser Stelle möchte ich allen danken, die mich unterstützt haben, besonders den Leiterinnen und Leitern der Pflegeheime, in denen ich hospitieren durfte, den Pflegekräften, die mir so viel Zeit schenkten und mich an ihrem Alltag teilhaben ließen. Außerdem allen Angehörigen, die sich zu Gesprächen bereit erklärten und mir ihre Erfahrungen mitgeteilt haben. Und natürlich den alten Menschen, denen ich so viele unvergessene Momente verdanke.

Jeder kann mithelfen und seine Stärken in den gemeinsamen Alltag einbringen: Kinder, Enkel, Partner, Nachbarn, Freunde … Wichtig ist, dass der hilfsbedürftige Mensch im Mittelpunkt steht. Lassen Sie ihn so viel wie möglich selbst tun, denn das größte Geschenk, das Sie machen können, ist Eigenständigkeit.

Die folgenden Tipps sollen Sie anregen, eigene Wege zu gehen und auch Ungewöhnliches auszuprobieren. Denken Sie um die Ecke und werden Sie zusammen kreativ, das spart nicht nur Geld, sondern bringt auch viel Spaß und gute Gefühle.

Ihre Anneke Goertz

LOS GEHT'S!

In diesem Buch begegnen Ihnen verschiedene Symbole.

Am oberen Rand finden Sie eine Material- und Werkzeugliste (Was Sie brauchen).

Die Stecknadel markiert allgemeine Tipps, die Schere eine Bauanleitung (Trick) für das beschriebene Problem.

Die folgenden Symbole zeigen sämtliche Werkzeuge, die Sie für die verschiedenen Anleitungen brauchen. Für manche Anleitungen benötigen Sie eine Schablone, die Sie am Ende des Buches finden.

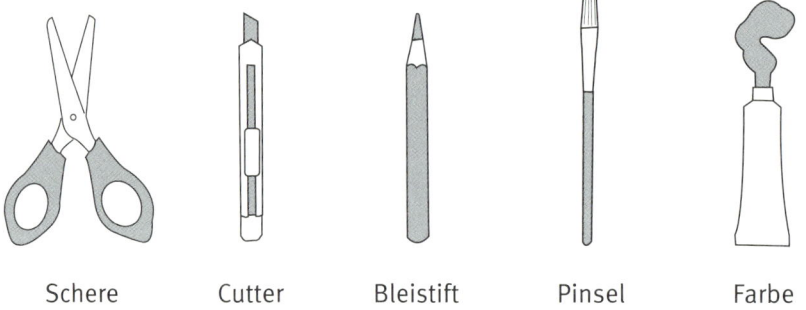

Schere   Cutter   Bleistift   Pinsel   Farbe

MORGENS

DER KÖRPER

AUFSTEHEN

Was der Körper so alles leistet, merkt man erst, wenn die Kräfte nachlassen. Dann wird das Aufstehen von niedrigen Stühlen und Sesseln, von der Toilette oder aus dem Auto beschwerlich. Versuchen Sie, sich in den schweren Körper der hilfsbedürftigen Person hineinzuversetzten und stimmen Sie die Umgebung entsprechend ab. Tiefe Sitzflächen, weiche Polsterungen, in denen man versinkt, und Stuhlbeine, über die man fällt, sind nur drei Beispiele von vielen, die Schwierigkeiten verursachen.

Das Aufstehen aus dem Auto ist im Speziellen durch die dabei notwendige Drehbewegung und die geringe Beinfreiheit problematisch. Nicht alle Autohersteller befassen sich mit diesem Thema, sodass eigene Lösungen gefunden werden müssen.

 Um die Drehbewegung zu vereinfachen, kann schon ein einfaches, untergelegtes Kissen helfen. Drehscheiben (→ *Alternativen,* Seite 44) oder Keilkissen erleichtern das Aufstehen.

DER KÖRPER

 Um besser aus dem Stuhl oder Sessel herauszukommen, können Sie sich eine Aufstehhilfe bauen. Nutzen Sie dieses Hilfsmittel nur für diese Anwendung und achten Sie darauf, dass wenn die Pömpel sich von der glatten Tischplatte lösen sollten, Sie weich und sicher landen.

1. Hierzu brauchen Sie einen Griff (ich habe einen Wandhaken der Firma »alfer« genommen) und zwei Saugnäpfe (Pömpel).

2. Kürzen Sie den Wandhaken mit einer Metallsäge.

3. Entfernen Sie die Gummierung an den Enden des Griffes mit einem Cutter.

4. Damit der Griff in den Pömpeln hält, kleben Sie die Enden mit viel Kleber (Sekundenkleber oder Heißklebepistole) fest. Einfach den Kleber in die Öffnungen der Pömpel füllen.

5. Stecken Sie alles ineinander – trocknen lassen. Fertig.

MATERIAL:
Wandhaken, 2 Pömpel

WERKZEUG:
Metallsäge, Cutter,
Heißklebepistole

2

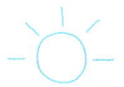

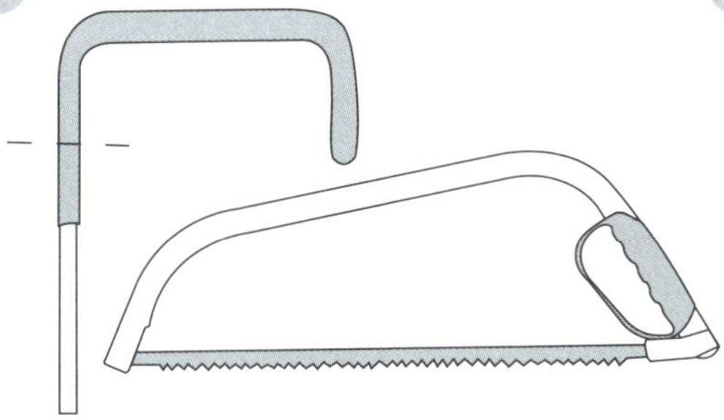

3

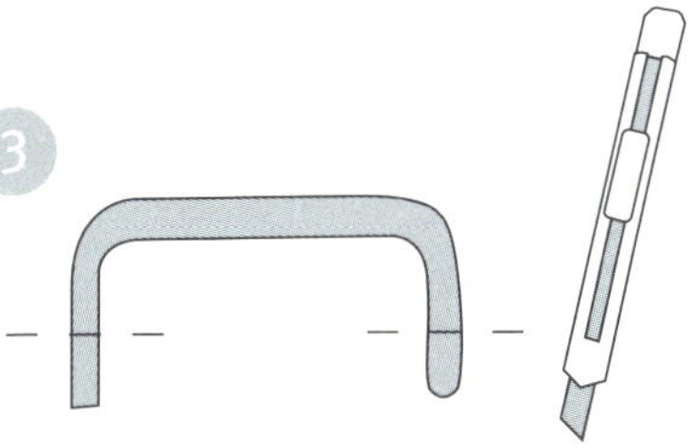

Achtung:
Sie brauchen einen ebenen Untergrund.

4

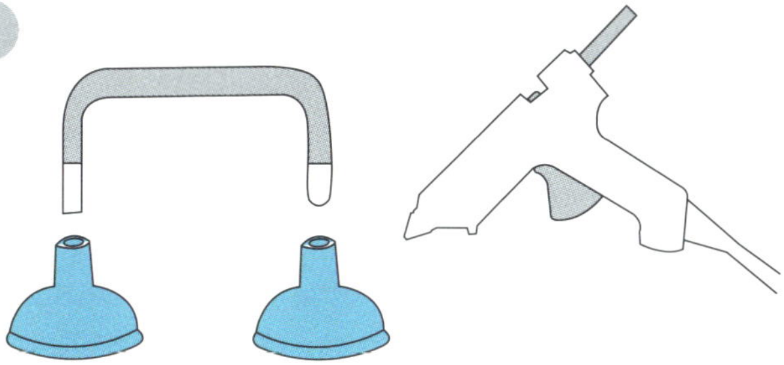

5

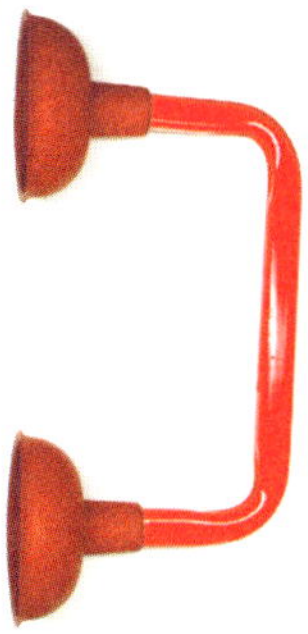

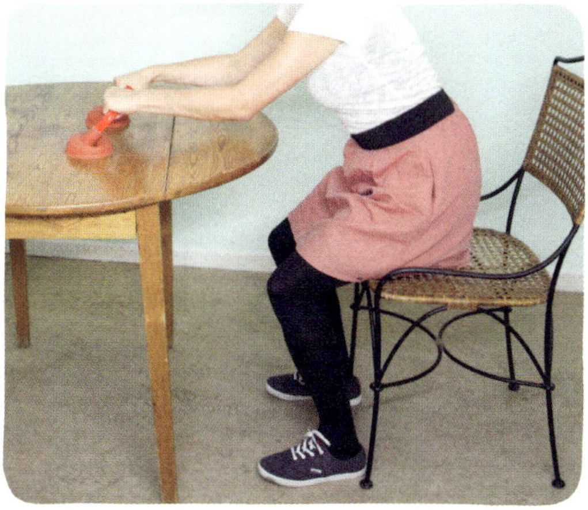

IM BAD

KÖRPERKONTAKT

Durch ihre körperlichen Einschränkungen fällt es alten Menschen zunehmend schwer, im Bad ohne helfende Hände auszukommen. Auch wenn in Sachen Hygiene Ihre Unterstützung besonders nötig ist, ist es dennoch wichtig, Ihr Gegenüber so viel wie möglich mit einzubinden. Leiten Sie an und kommunizieren Sie in dieser intimen Situation. Das steigert das Wohlbefinden auf beiden Seiten. Der hilfsbedürftige Mensch wird passiv, wenn er überhaupt nichts mehr selbst tun muss. Diese Passivität kann zu dem Gefühl »Ich bin unnütz und falle nur zur Last« führen und den Lebensmut trüben.

Neben den hygienischen Gründen ist auch die Berührung als solche wichtig. Denn Körperkontakt entspannt, beruhigt und ist ein Zeichen der Wertschätzung. Er kann, wenn die Fähigkeit der verbalen Äußerung nachlässt, sogar zu einer Art Kommunikation werden.

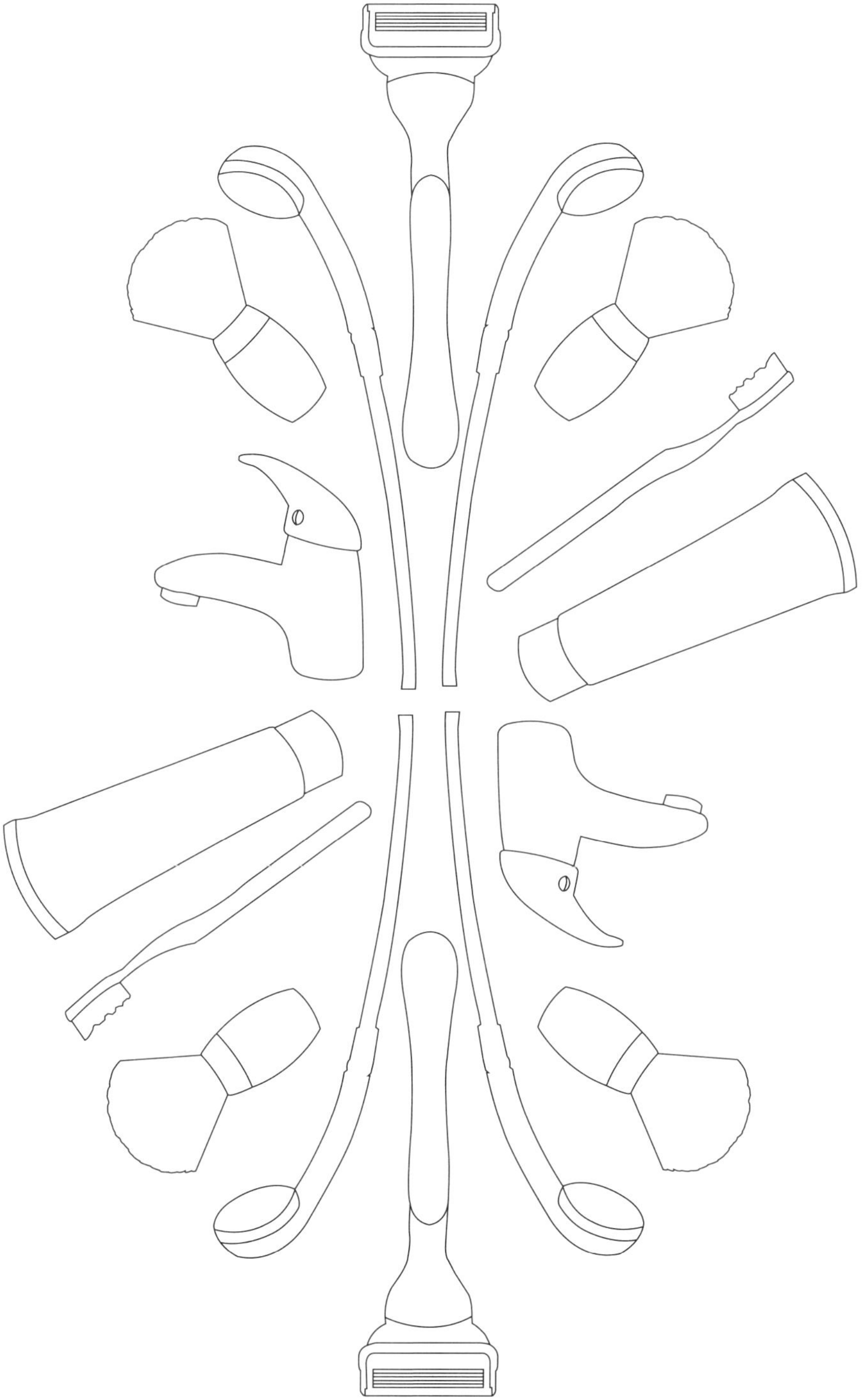

IM BAD

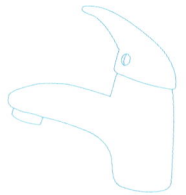

WASCHEN

Waren Sie auch schon einmal gehandicapt und hatten Schwierigkeiten beim Haarewaschen oder Rückenschrubben? Besonders im Alter kommt es vermehrt zu körperlichen Einschränkungen, weshalb die Hilfe von anderen immer wichtiger wird. Dies ist zunächst ein unbehagliches Gefühl, wenn man bis dato immer alles allein geschafft hat. Haben Sie also Verständnis für eventuelle Ablehnung und bedrängen Sie Ihr Gegenüber nicht, seien Sie einfach da und bieten Sie behutsam Ihre Unterstützung an.

Fehlende Hygiene führt zu Infektionen und somit zur Schwächung des Immunsystems. Im Alter weicht das Verständnis dafür Gefühlen von Scham, Unwohlsein und Unsicherheit. Gefahren bestehen tatsächlich, etwa das Ausrutschen im Badezimmer oder das Verbrennen an zu heißem Wasser. Wenn Sie dabei helfen, Gefahren zu vermeiden, steigert das auch die Bereitschaft zur Körperhygiene.

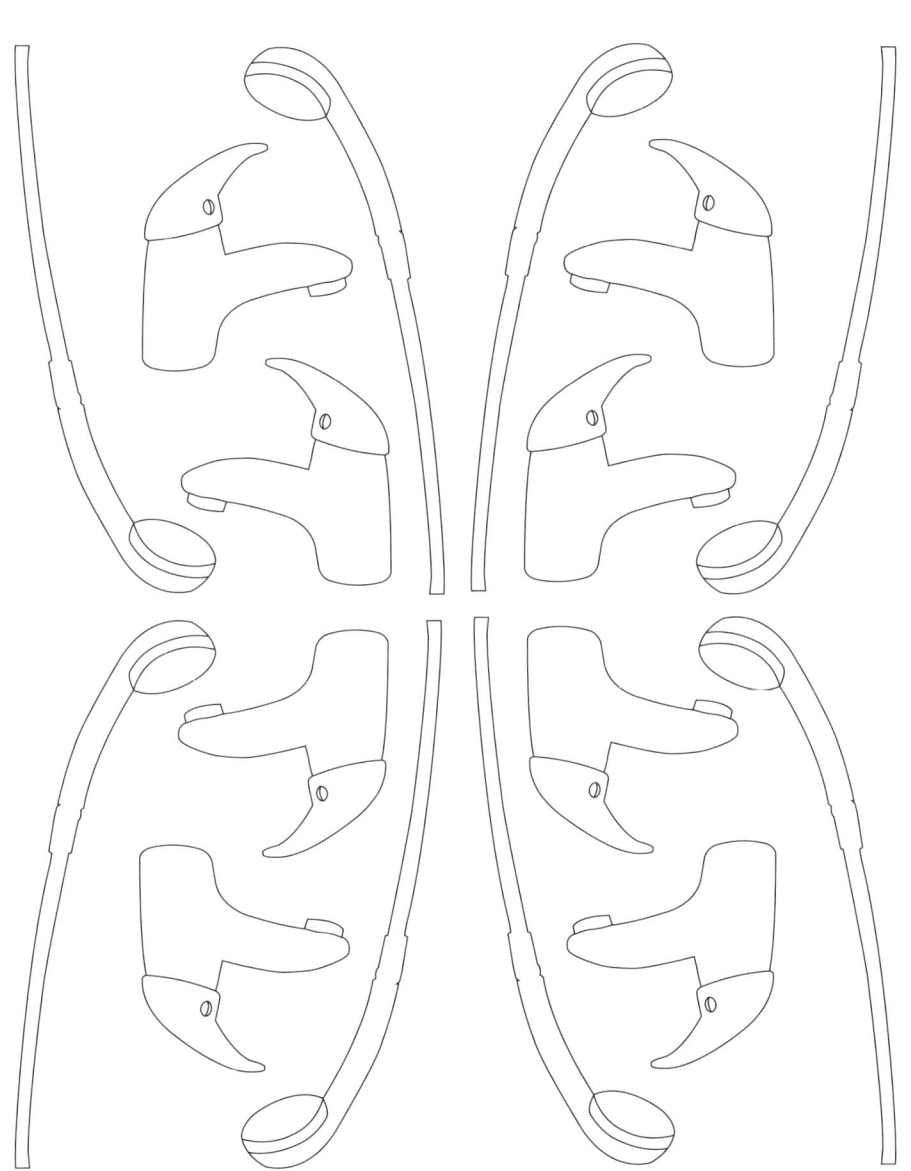

IM BAD

 Wenn Sie beim Waschen helfen, brauchen Sie Zeit und Ruhe. Ihre Stimmung kann sich positiv, aber auch negativ auf Ihr Gegenüber auswirken. Mehr Routine stellt sich ein, wenn Sie einen festen Waschtag haben, der im Kalender vermerkt ist.

 Wer körperlich eingeschränkt ist, kann beim Waschen einen »verlängerten Arm« benutzen.

1. Nehmen Sie einen Massageschwamm und schneiden Sie einen Schlitz hinein.

2. Füllen Sie dann einen Tropfen Kleber in den Schlitz und

3. stecken den Pinsel mit den Borsten nach vorn in den Schlitz – diese Verbindung hält besonders gut.

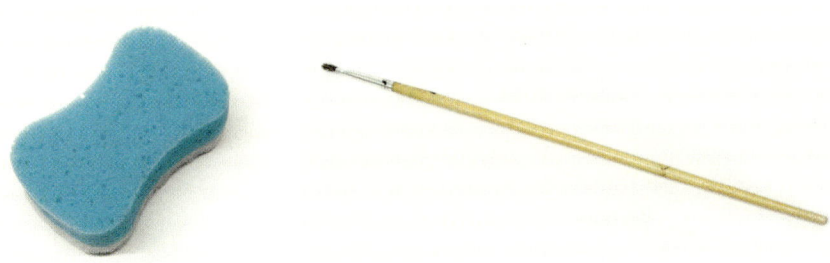

MATERIAL:
Massageschwamm, Pinsel

WERKZEUG:
Cutter, Kleber

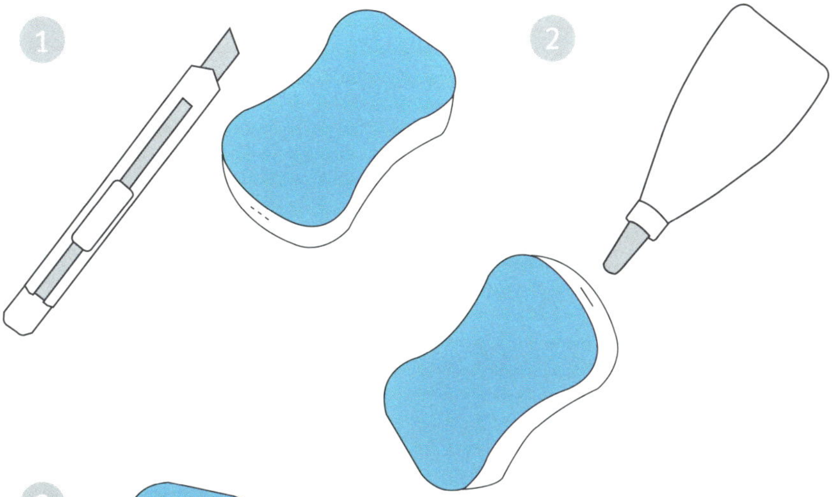

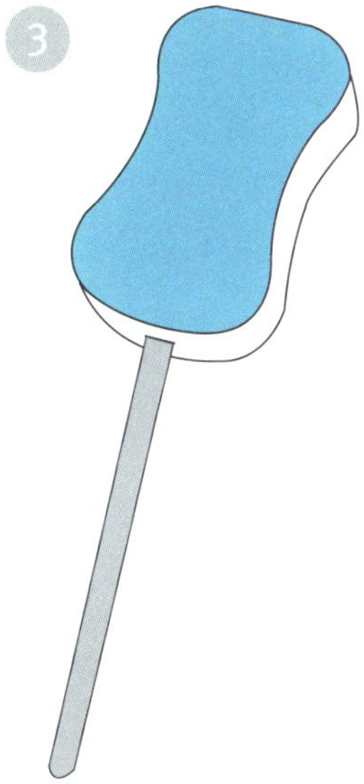

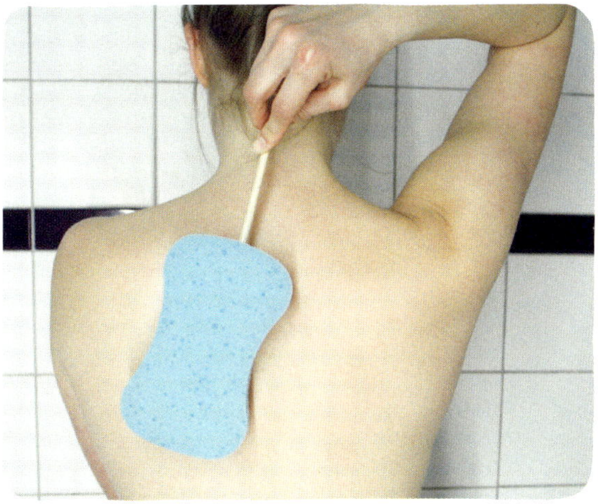

IM BAD

ZÄHNEPUTZEN

Egal, ob es sich um die ersten, zweiten oder dritten Zähne handelt, eine gute Mundhygiene ist wichtig, da es ansonsten zu Infektionen kommen kann. Auch hier sind die Probleme einerseits technischer, andererseits psychologischer Natur. Die Handhabung von Zahnbürste und Zahnpasta gilt es zu meistern und gleichzeitig einzusehen, warum das Ganze überhaupt notwendig ist. Reden Sie darüber und achten Sie darauf, der Person nicht alle Handgriffe abzunehmen. Beziehen Sie sie in möglichst viele alltägliche Verrichtungen mit ein. Leiten Sie an.

Das permanente Kontrollieren und Motivieren fällt manchmal schwer und kostet viel Zeit, Geduld und Energie. Helfer sind genauso wenig perfekt wie Hilfsbedürftige. Das ist in Ordnung. Leichter fällt es Ihnen, wenn Sie versuchen, sich in die Situation Ihres Gegenübers hineinzuversetzen und seine Gefühle von Scham und Schwäche nachzuvollziehen.

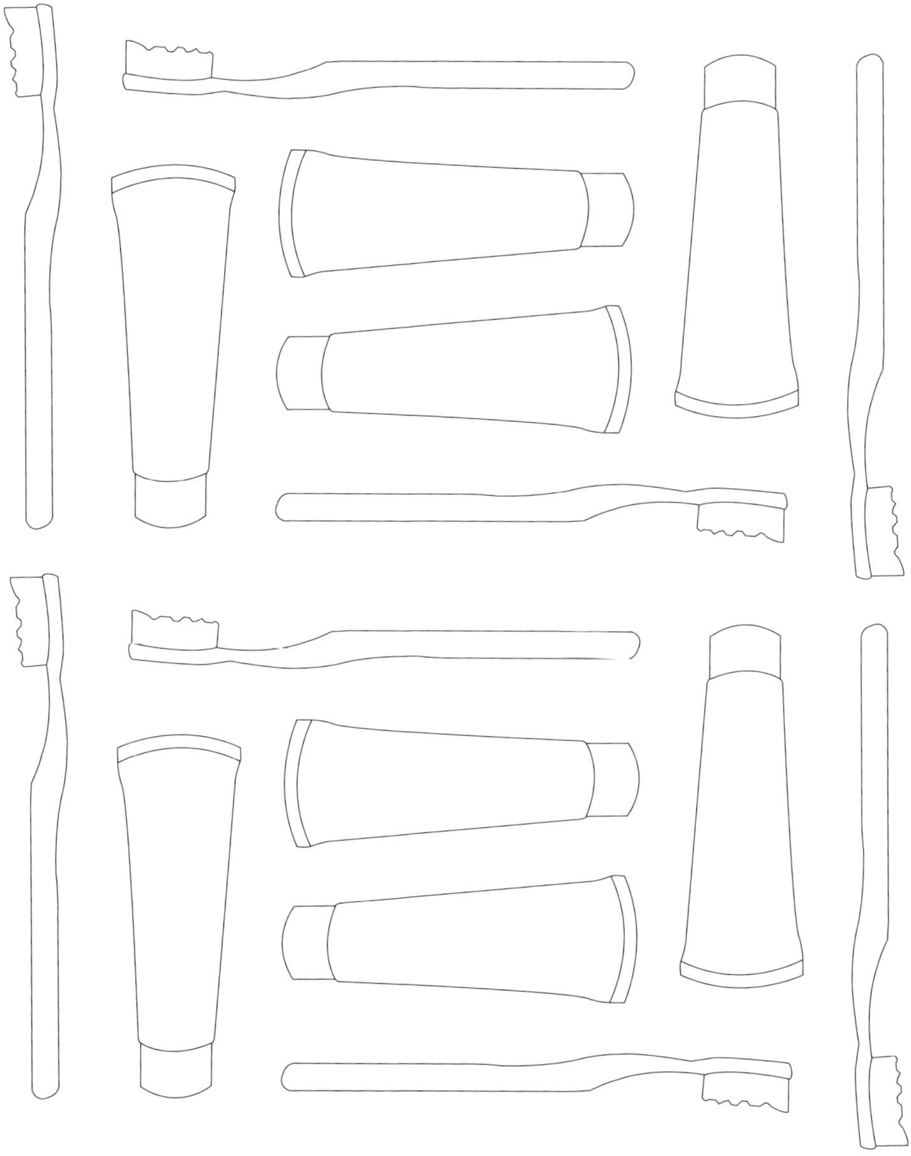

IM BAD

 Binden Sie das Zähneputzen in den täglichen Ablauf mit ein. Hilfreich ist es, die Mundhygiene in den festen Tagesplan aufzunehmen, um Diskussionen zu vermeiden.

 Durch eine persönliche Anleitung oder Bilder und Klebezettel können Sie an das Zähneputzen und den korrekten Ablauf erinnern. Achten Sie darauf, dass die Erinnerungszettel gut sichtbar sind, am Besten bringen Sie diese am Zahnputzbecher und zusätzlich am Spiegel an. Doppelt oder dreifach hält bekanntlich besser.

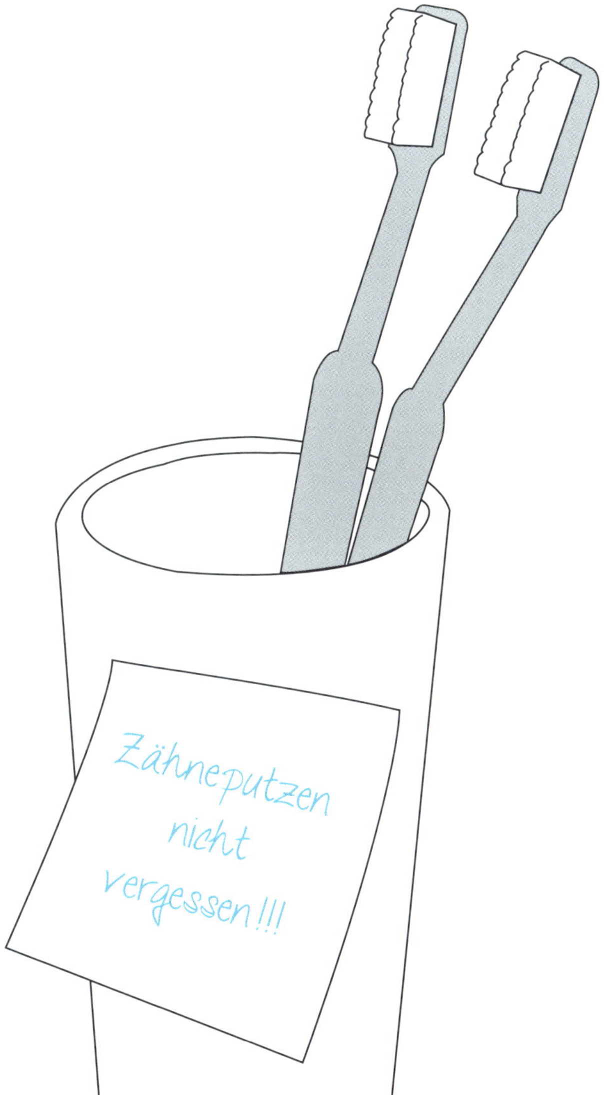
Zähneputzen
nicht
vergessen!!!

IM BAD

RASIEREN

In erster Linie betrifft dieses Thema sich noch selbst rasierende Männer und jene, die Männer rasieren. Der Eine bevorzugt eine Trockenrasur, der Andere eine Nassrasur. Stehen Sie erstmalig vor der Situation, einen Mann zu rasieren, sollten Sie erst einmal beim Gewohnten bleiben, auch wenn Sie persönlich vielleicht die andere Methode bevorzugen. Ändern Sie nicht gleich alles, es ist bereits eine große Umstellung, die Rasur zu zweit zu erledigen.

Rituale strukturieren den Tag. Auch das Rasieren am Morgen kann so ein Ritual sein. Gehen Sie mit Ruhe ans Werk und genießen Sie die gemeinsame, intime Zeit, tun Sie Ihrem Gegenüber etwas Gutes. Lassen Sie das Ganze zu einem »Wellness-Ritual« werden.

Das regelmäßige Rasieren sieht (oftmals) nicht nur gepflegter aus, es bringt auch hygienische Vorteile mit sich. Im Bart können zum Beispiel Essensreste hängen bleiben oder Bakterien einen Unterschlupf finden.

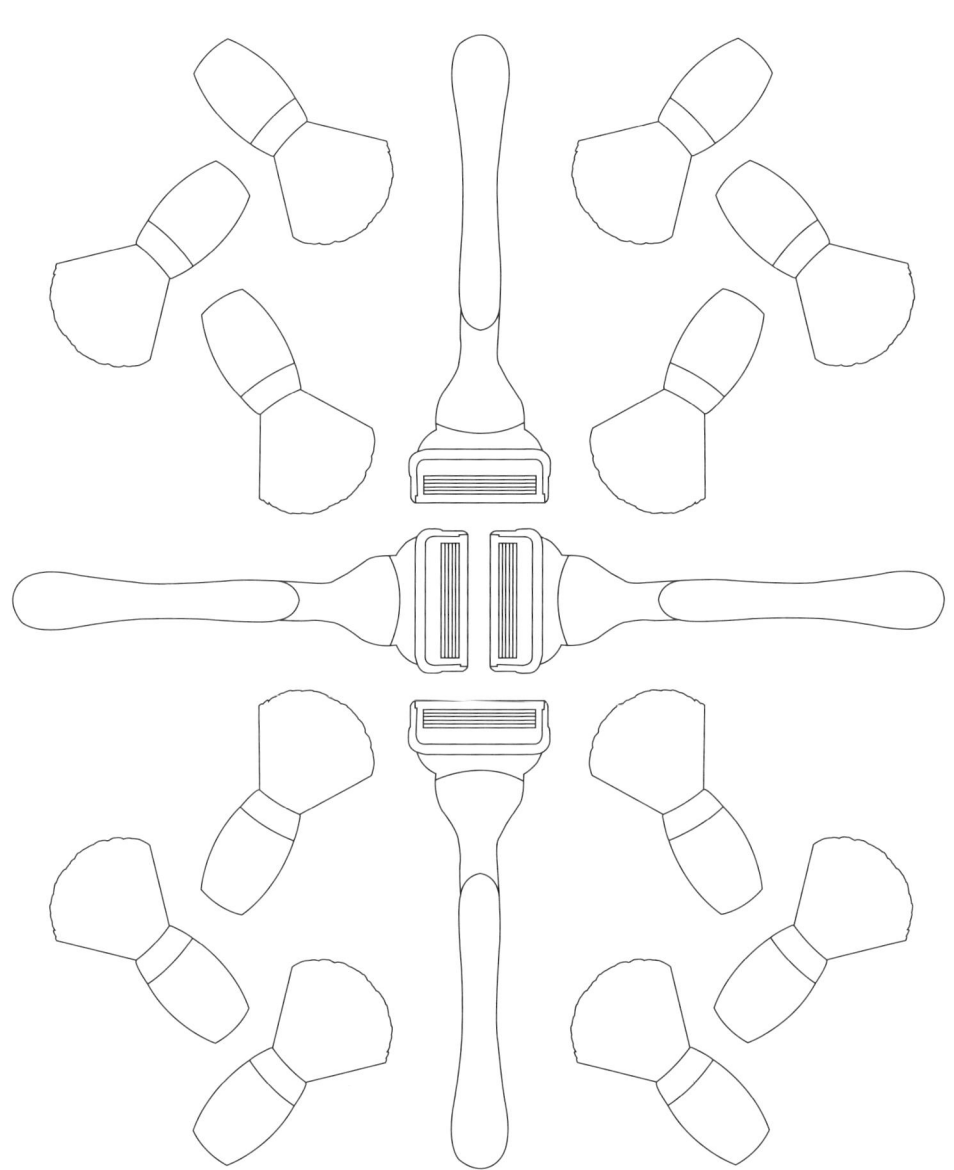

IM BAD

DIE TROCKENRASUR ist gesichtsschonender und simpler – einfach den elektrischen Rasierer anschließen und los geht's! Sie ist jedoch nicht so gründlich und lang anhaltend wie die Nassrasur.

Verletzungsrisiko: Generell gilt es auf Einwegrasierer zu verzichten.

DIE NASSRASUR birgt ein höheres Verletzungsrisiko als die Trockenrasur. Außerdem kommt es schneller zu Entzündungen und eingewachsenen Haaren. Positiv ist, dass sie länger hält und wesentlich gründlicher ist, die Haut wird glatter und man kann auf eine tägliche Rasur verzichten. Spezielle Pflegeprodukte helfen dabei, Hautirritationen vorzubeugen.

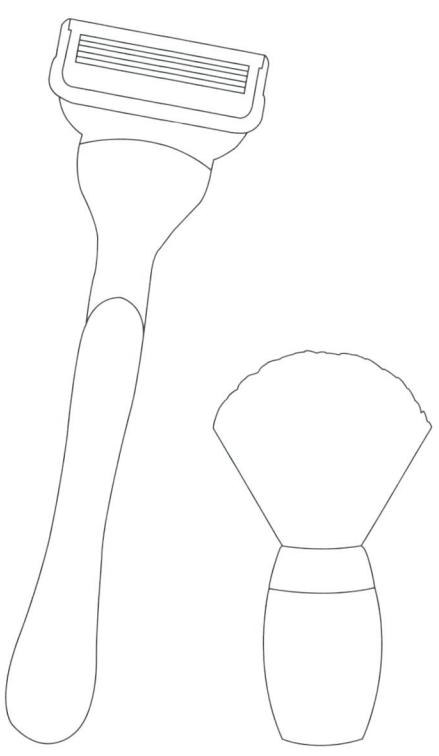

IM BAD

NASSRASUR FÜR NEUEINSTEIGER

1. Waschen Sie das Gesicht mit warmem Wasser und etwas Seife, das weicht die Haare ein und entfernt den Bart von Creme etc. Die optimale Vorbereitung für eine Rasur ist das vorherige Duschen. Ein Vollbad allerdings würde Haut und Haar zu sehr aufweichen.

2. Schäumen Sie das Gesicht mit Rasierschaum ein.
   Einwirkzeit: ca. 3 Minuten. Am Besten benutzen Sie hierzu einen Dachshaar-Pinsel.

Einschäumen: Nehmen Sie Rasiercreme oder Rasierseife. Dosengel ist weniger optimal. Erwärmen Sie eine Porzellanschüssel oder Tasse mit warmem Wasser. Geben Sie einen ca. 2 cm langen Strang Rasiercreme und 2 Teelöfel Wasser in die erwärmte Schüssel. Nun schäumen Sie diese Mischung mit kreisenden Bewegungen des Pinsels auf, bis die Konsistenz sahnig ist. Dann tragen Sie den Schaum in kreisenden Bewegungen oder in (weniger pieksenden) Streichbewegungen auf das Gesicht auf.

MATERIAL:
Rasiercreme / -seife

WERKZEUG:
Rasierer, Rasierpinsel, Schale, Handtuch

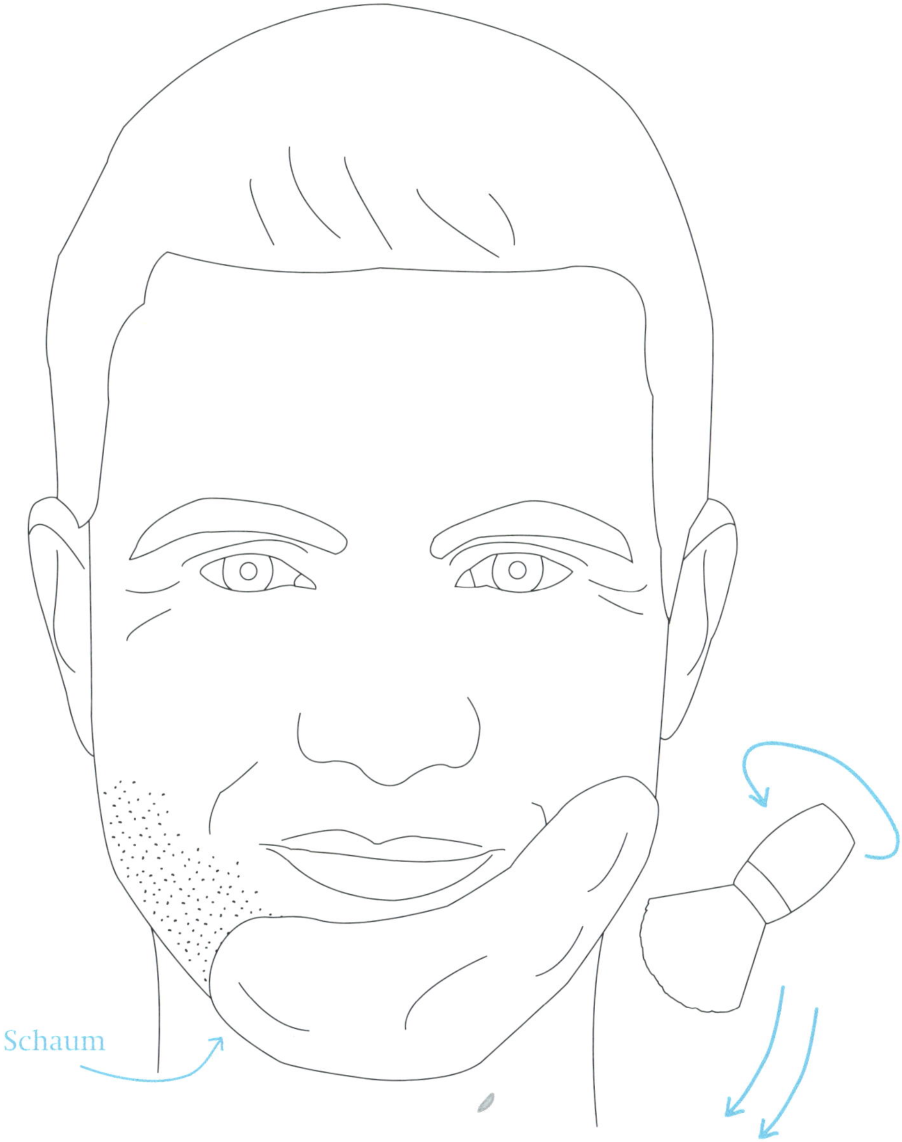

Schaum

IM BAD

3. Das Rasieren: Halten Sie den Rasierer so, dass die Klingen in einem Winkel von 30° über die Haut geführt werden können. Mit der freien Hand spannen Sie die zu rasierende Haut – ziehen Sie die Haut in die eine Richtung (entgegen der Wuchsrichtung) und den Rasierer in die andere (mit der Wuchsrichtung) über die entsprechende Stelle. Durch das Spannen der Haut entgegen der Wuchsrichtung stellen sich die Haare auf – so werden die Rasur glatter und das Verletzungsrisiko geringer. Nach jedem Rasierzug spülen Sie die Klinge mit warmem Wasser aus. Wenn Sie mit dem Ergebnis noch nicht zufrieden sind, wiederholen Sie den Rasurvorgang.

4. Nun entfernen Sie die Schaumreste mit kaltem Wasser (das schließt die Poren) und trocknen Sie tupfend das Gesicht mit einem neuen, sauberen Handtuch (keimfrei) ab.

5. Zum Schluss tragen Sie ein Aftershave auf das Gesicht auf. Das desinfiziert die Haut und vermindert Entzündungen und Hautirritationen. Achtung! Durch den Alkohol im Aftershave kann es etwas brennen.

6. Reinigen Sie den Pinsel mit Wasser und schlagen Sie ihn zum Trocknen aus. Im Anschluss hängen Sie ihn mit den Haaren nach unten in den Pinselständer. So kann er optimal trocknen und ist lange haltbar.

Sollte das frisch rasierte Gesicht noch lange gerötet sein oder brennen, haben Sie vermutlich den Rasierer zu stark auf die Haut gedrückt, oder Sie haben die Haut nicht richtig gespannt. Seien Sie beim nächsten Mal etwas vorsichtiger. Übung macht den Meister!

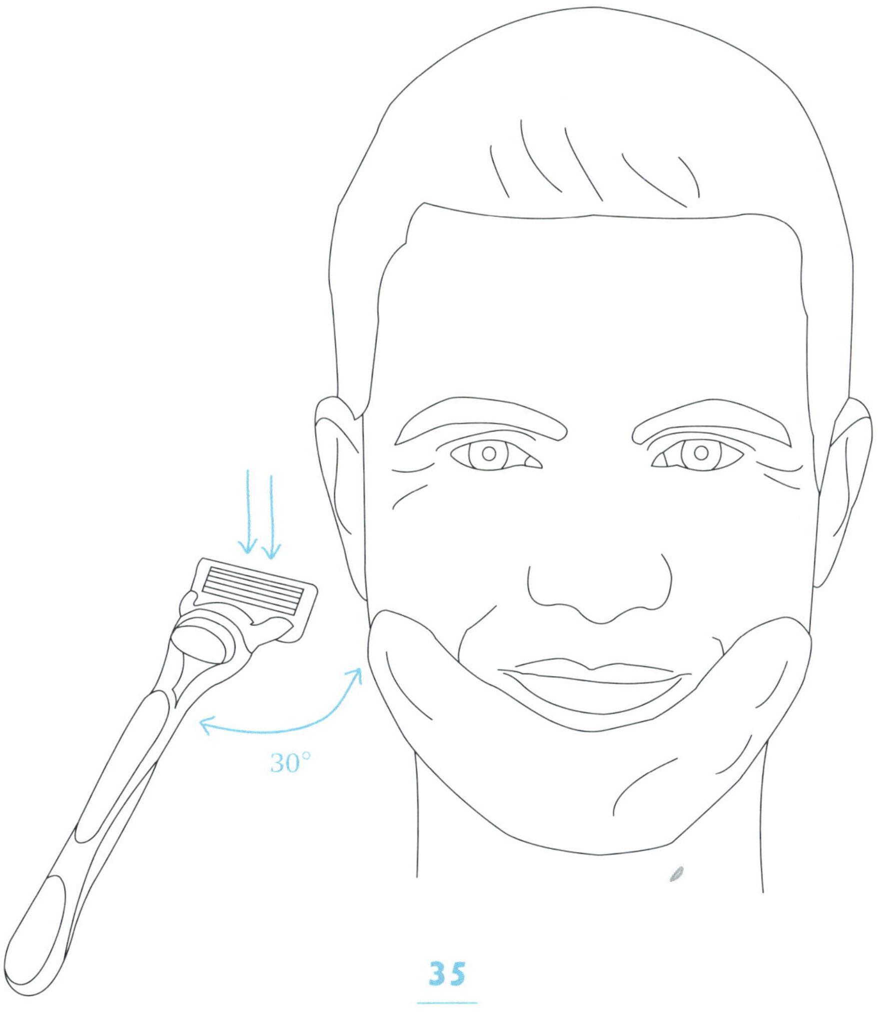

KLEIDUNG

ANZIEHEN

Das An- und Ausziehen birgt besonders viele Tücken. Angefangen beim Über-den-Kopf-Ziehen von Pullovern bis hin zum Zuknöpfen von Strickjacken.

Durch die eingeschränkten Bewegungsabläufe und die fehlende Motorik und Fingerfertigkeit wird dies täglich zu einer neuen Herausforderung. Knöpfe und Reißverschlüsse sind besonders schwierig, weil sie meist klein und unhandlich sind.

 Wenn die Auswahl der Kleidung Ihrem Gegenüber schwerfällt, wählen Sie die Kleidungsstücke aus und legen diese in der Reihenfolge, in der sie angezogen werden sollen, heraus.

 Reduzieren und vereinfachen Sie die Kleidung. Ersetzen Sie zum Beispiel Knöpfe und Schnürsenkel durch Klettverschlüsse und nehmen Sie Strickjacken statt Pullover. Verwenden Sie Hosen mit Gummiband statt Gürtel und BHs, die sich vorn öffnen lassen. Das hilft im Alltag.

 Versehen Sie Reißverschlüsse mit Bändern, damit diese einfacher zu schließen und zu öffnen sind.

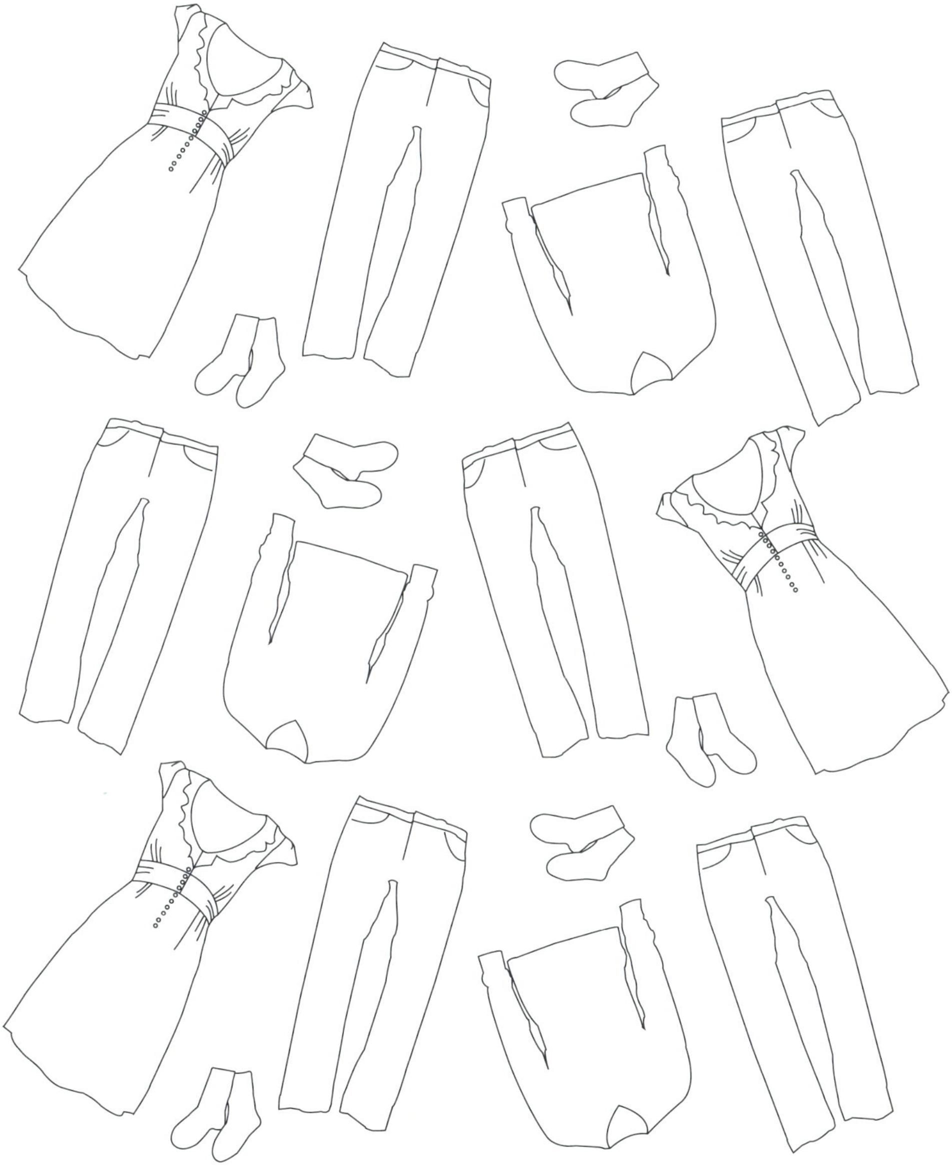

KLEIDUNG

 Um die Orientierung und somit das Anziehen zu erleichtern, können Sie Kommoden und Schränke mit Bildern des jeweiligen Inhalts (Socken, Hosen etc.) kennzeichnen. Wichtig hierbei ist eine klare Bildsprache.

 Beim Anziehen von Socken hilft eine einfache Anziehhilfe. Hierfür eignet sich ein Tischset aus Kunststoff, das für wenig Geld erhältlich ist. Beim Design haben Sie freie Wahl.

1. Halbieren Sie das Tischset und schneiden Sie dieses mithilfe der Schablone (⇢ Beilage) in Form.

2. Stanzen Sie mit dem Locher zwei Löcher in die Laschen. Fädeln Sie dann eine Kordel hindurch.

3. Nun schneiden Sie einen ca. 4,5 × 17 cm großen Streifen aus dem Moosgummi und kleben diesen auf die Rückseite der Anziehhilfe. Er sorgt dafür, dass der Socken nicht zu früh von der Anziehhilfe runterrutscht.

4. Zum Anziehen des Sockens wird die Anziehhilfe zusammengedrückt und der Socken komplett darübergezogen.

5. Nun kann man mit dem Fuß hineinschlüpfen und die Anziehhilfe an der Kordel nach oben ziehen. Dabei gleitet die Socke über die Ferse.

MATERIAL:
Kunststoff-Tischset, Kordel, Moosgummi

WERKZEUG:
Schere, Locher, Schablone

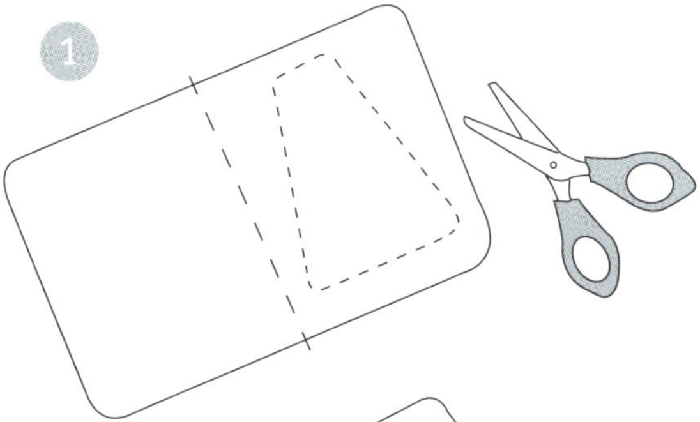

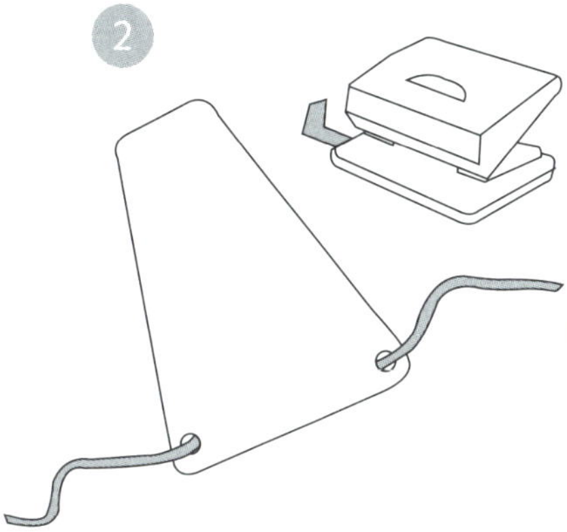

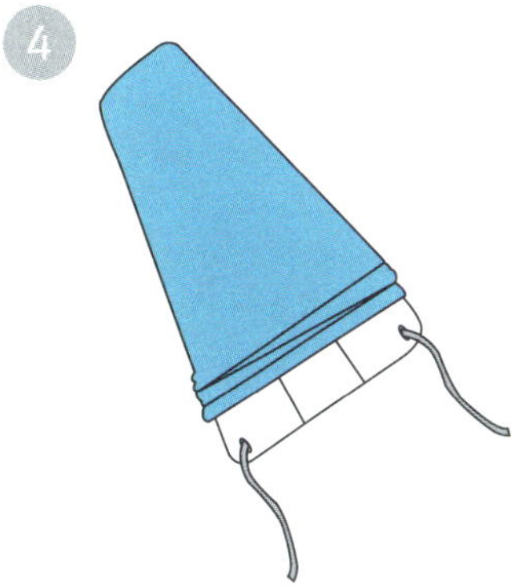

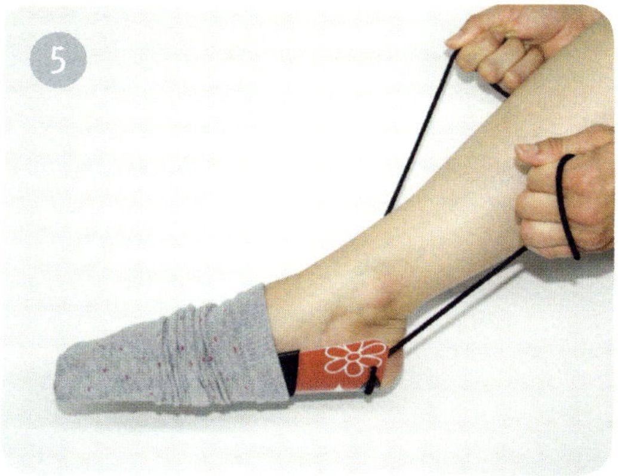

MEDIKAMENTE

TABLETTEN

Bei der richtigen Dosierung und korrekten Einnahme von Tabletten helfen Medikamentenboxen. Oftmals sind sie nicht nur in Wochentage eingeteilt, sondern außerdem in verschiedene Tageszeiten. Das hilft, die Übersicht zu bewahren, setzt aber voraus, dass man sich am Ende der Woche Zeit nimmt, die Medikamente für die kommenden Tage einzusortieren.

 Wenn Ihr Gegenüber dazu in der Lage ist, ermutigen Sie ihn, die Einnahme seiner Medizin zu dokumentieren, entweder gleich auf der Verpackung oder auf einem extra Zettel.

 Das Herausdrücken der Tabletten oder das Öffnen von Fläschchen und Dosen fällt nicht immer leicht. Hierzu können Sie Hilfsmittel bereitstellen. Fläschchen lassen sich zum Beispiel mithilfe eines Nussknackers oder einer Zange einfacher öffnen. Manche Medikamente können Sie auch umfüllen.

MEDIKAMENTE

 Elektronische Medikamentenspender helfen, die Einnahme nicht zu vergessen. Ein akustisches Signal erinnert zum entsprechenden Zeitpunkt daran.

 Um die Tabletten leichter aus ihrer Verpackung zu drücken, können Sie eine Ausstechhilfe bauen, diese funktioniert wie eine Messerspitze, ist aber weniger gefährlich.

1. Nehmen Sie ein Stück Kunststoff. Das kann das bewährte Kunststoff-Tischset (→ Seite 38/39) oder auch ein Stück Plastikflasche sein.

2. Schneiden Sie die Ausstechhilfe aus. Am Besten funktioniert sie, wenn eine Seite spitz und die andere abgerundet ist.

3. So lässt sich mit der Spitze die Folie zerdrücken und mit der Rundung die restliche Folie einfach lösen.

MATERIAL:
Kunststoff-Tischset

WERKZEUG:
Schere

2

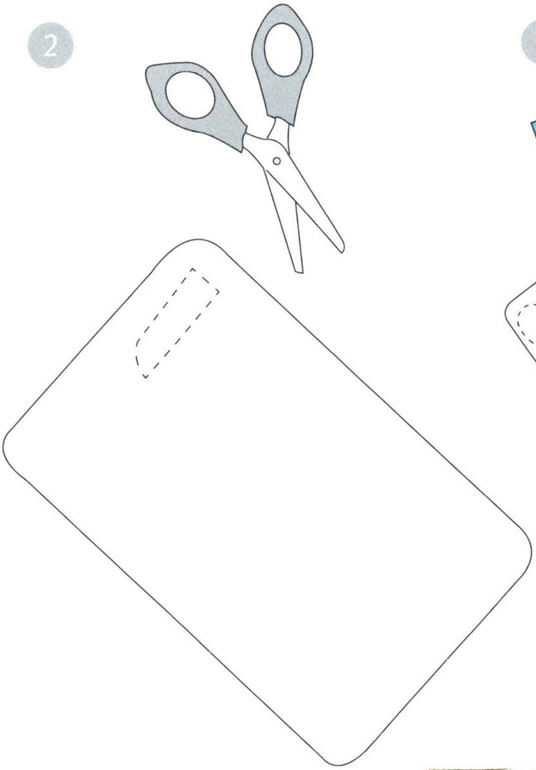

3

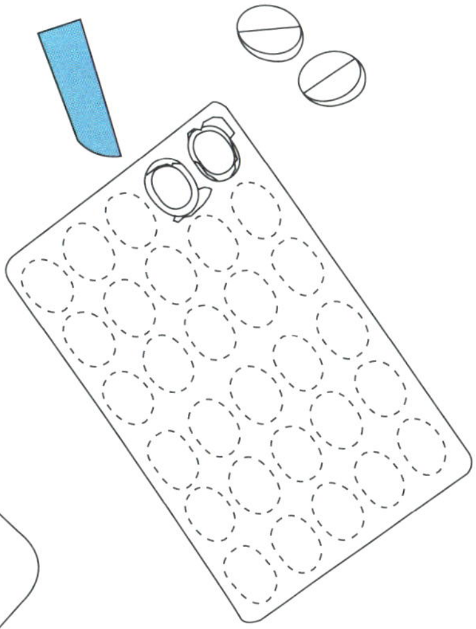

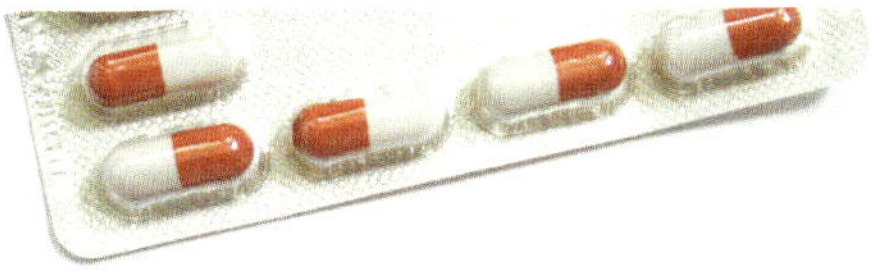

43

ALTERNATIVEN

Hier finden Sie verschiedene Produkte zu Alltagssituationen aus dem Kapitel »Morgens«.

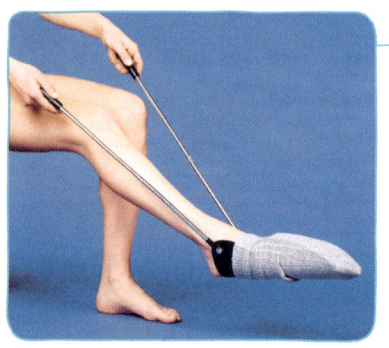

STRUMPF-ANZIEHER
Material: Kunststoff, Metall
Größe: 30 × 22 cm
Besonderheiten: Teleskop-Schienen (38–56 cm)
Hersteller: »RUSSKA«
Preis: ca. 30 €

DREHKISSEN »PEGASUS« (360°)
Material: Textil, Kunststoff
Durchmesser: 39 cm
Höhe: ca. 3,5 cm
Besonderheiten: abwaschbar
Hersteller: »REHAFORUM«
Preis: ca. 20 €

Achtung: Einwandfreie Drehung hängt vom Gewicht der Person ab.

TABLETTENTEILER
Material: Kunststoff
Besonderheiten: spülmaschinenfest
Hersteller: »Vitility«
Preis: ca. 4 €

TABLETTENAUSDRÜCKHILFE

Material: Kunststoff
Länge: 5,5×3,2×2 cm
Gewicht: ca. 14 g
Besonderheiten: Die Tablette wird aufgefangen.
Hersteller: »Vitility«
Preis: ca. 6,50 €

RÜCKENSCHWAMM

Material: Kunststoff
Länge: 77 cm, *Gewicht:* 203 g
Besonderheiten: Schwamm waschbar bei 60° C
Hersteller: »Etac«
Preis: ca. 35 €

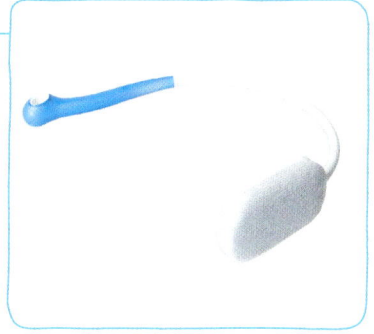

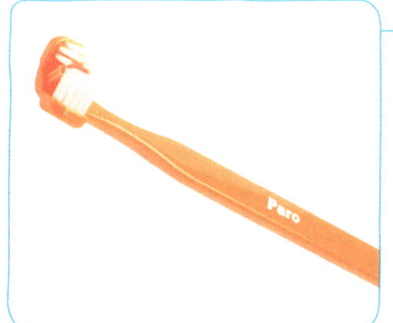

SUPERBRUSH ZAHNBÜRSTE

Material: Kunststoff
Länge: 19 cm
Besonderheiten: 3-Kopfzahnbürste
Hersteller: z. B. »Paro«
Preis: Einzelpreise ca. 3,50 €

SCHABLONEN

Schuhknecht
von Seite 132/

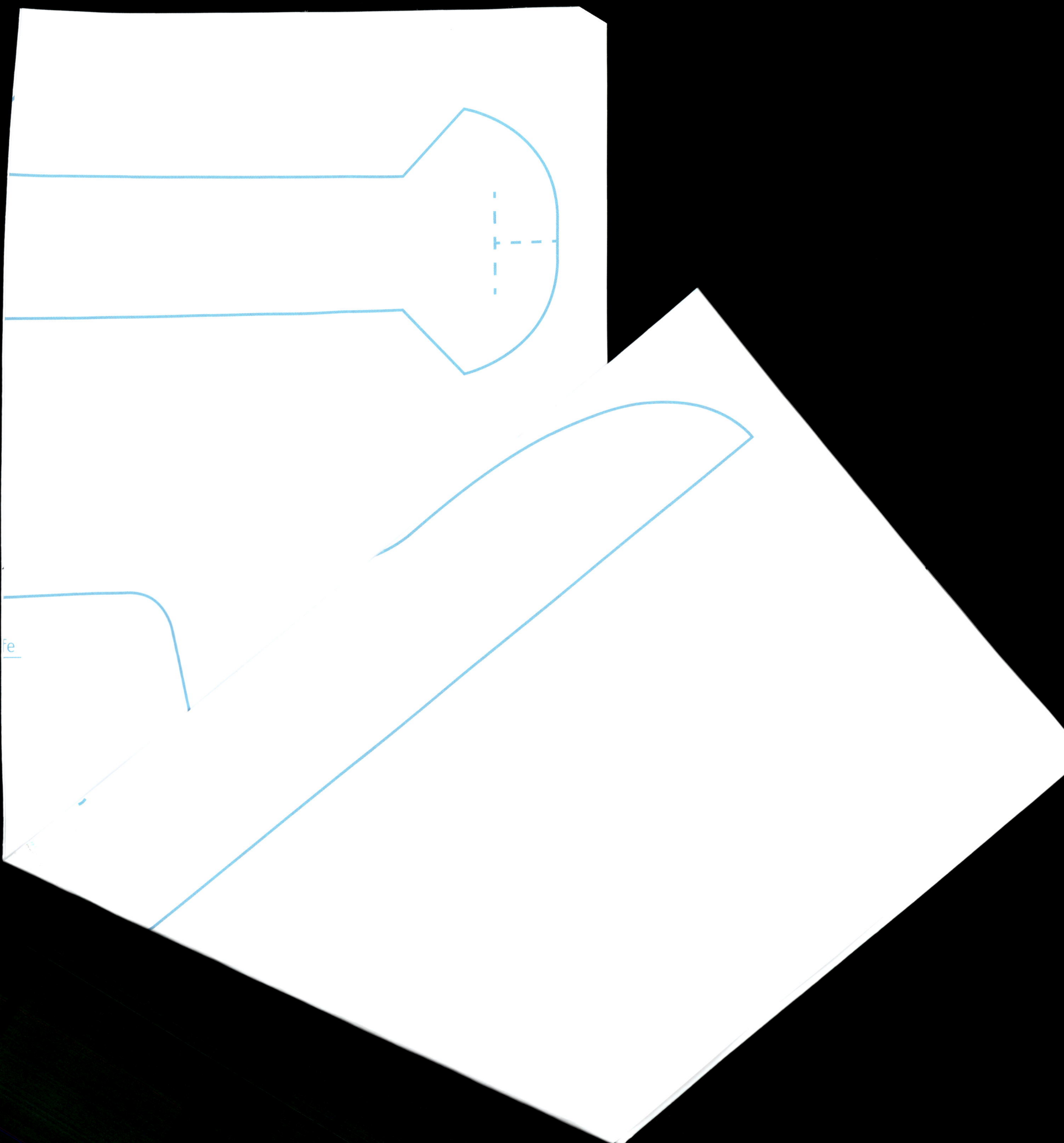

HAUSHALT

PUTZEN

Putzen kann eigentlich jeder. Aber wenn die Kraft nachlässt oder durch körperliche Einschränkungen das Bücken und Tragen zur Belastung wird, ist es sehr mühsam. Dann ist man auf Helfer und Hilfsmittel angewiesen.

 Überlegen Sie, was der hilfsbedürftigen Person noch möglich ist. Einfache Aufgaben können Sie an sie delegieren, zum Beispiel die Terrasse zu fegen statt den Wohnungsboden zu putzen oder abzutrocknen statt zu spülen.

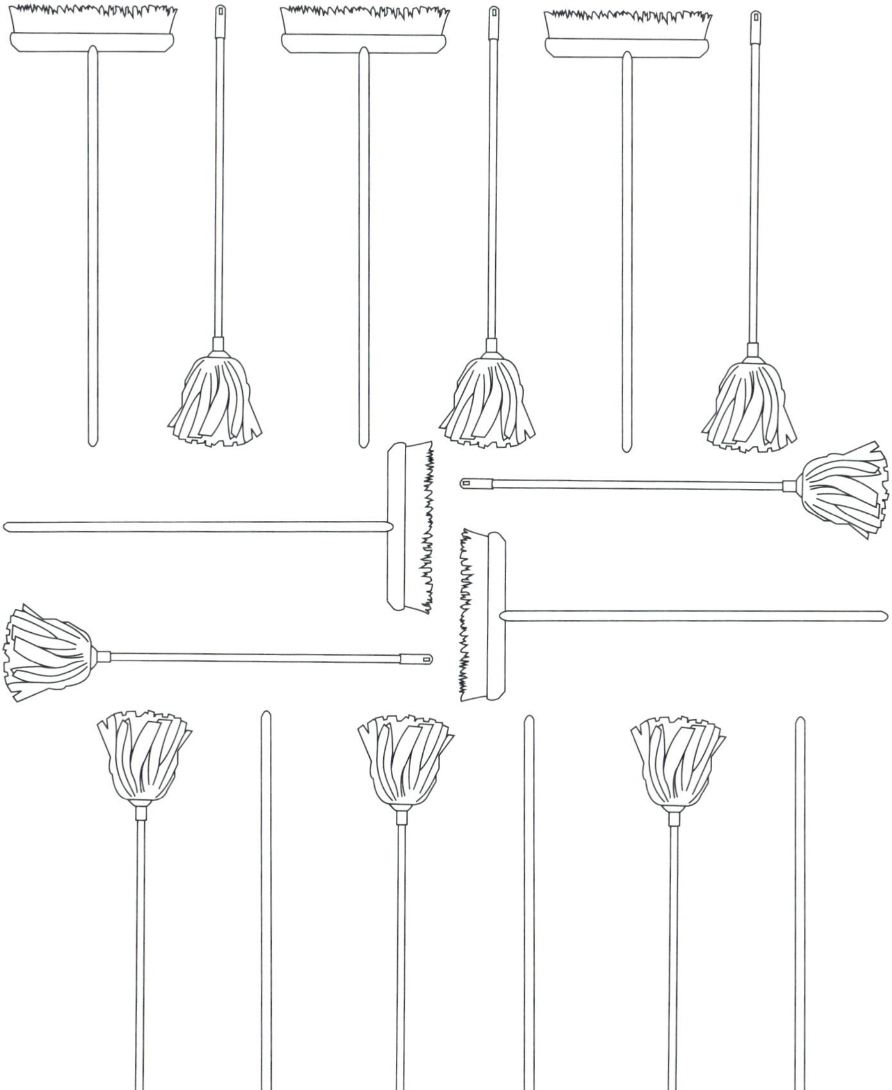

HAUSHALT

✂ Putzen fällt halb so schwer, wenn man sich nicht bücken oder hinknien muss. Da hilft der Fußwischer.

1. Nehmen Sie ein Schwammtuch (Lappen) und ein Kunststoff-Tischset.

2. Mithilfe der Schablone (Beilage) wird der Henkel aus dem Tischset ausgeschnitten.

3. Nun machen Sie einen Schnitt in zwei gegenüberliegende Seiten des Schwammtuchs.

4. Machen Sie dieses nass.

5. Stecken Sie den zuvor ausgeschnittenen Henkel durch die Schlitze im Schwammtuch und verhaken Sie die rundlichen Enden mit dem Henkel.

6. Nun kann das Schwammtuch auf den Boden fallen gelassen werden, Fuß hineinstecken und los geht's!

MATERIAL:
Schwammtuch,
Kunststoff-Tischset

WERKZEUG:
Schere, Schablone

2

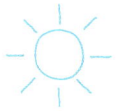

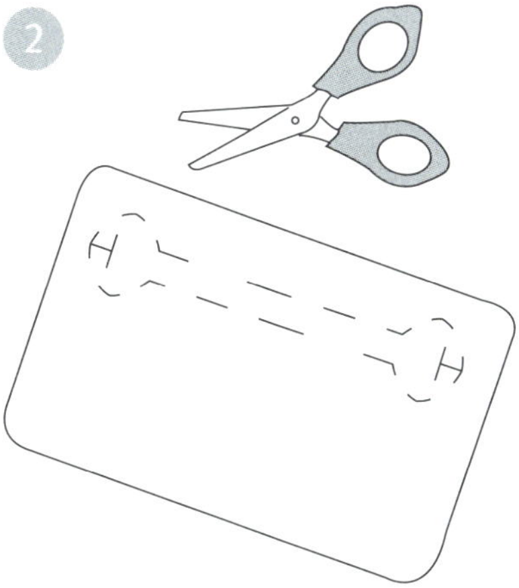

3

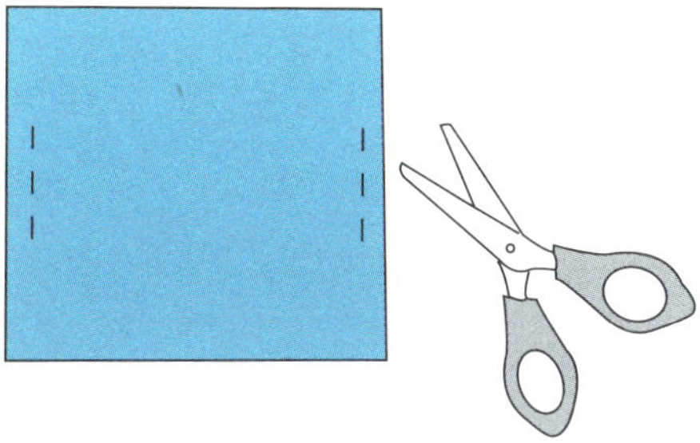

4

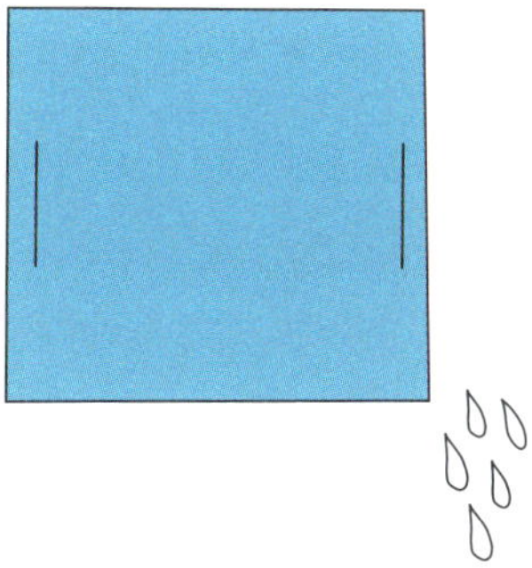

5

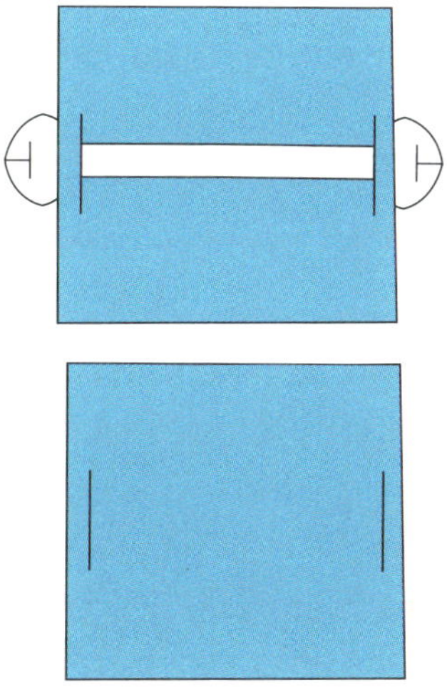

6

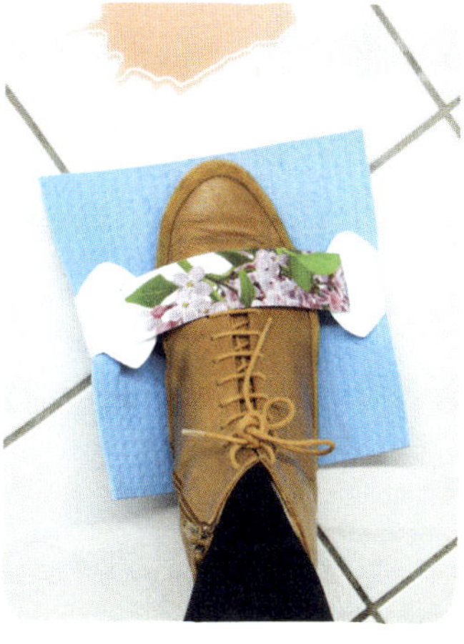

HAUSHALT

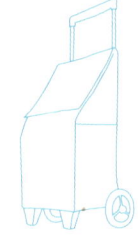

EINKAUFEN

Schwere Taschen, hohe Regale, schlecht lesbare Beschriftungen und Hinweisschilder, enge Gänge, laute Geräuschkulisse, fehlende Toiletten etc. Wenn der nächste Supermarkt nicht gerade um die Ecke ist, kann ein Einkauf für jedermann zur Tortur werden.

In Österreich gibt es erstmalig seniorenfreundliche Einkaufszentren der Kette »Adeg«. Dort sind die Böden des Marktes besonders rutschfest, die Regale tiefer und die Produkte somit besser erreichbar. Ein spezielles Lichtkonzept vereinfacht das Einkaufen und schafft eine freundliche Atmosphäre – nicht nur für Senioren. Auf den breiten Gängen gibt es zahlreiche Sitzmöglichkeiten zum Ausruhen. Die Toiletten sind gut ausgeschildert und leicht erreichbar. Angeboten werden insbesondere Packungsformate für kleine Haushalte und eine größere Schrift bei der Warenauszeichnung erleichtert das Lesen. Es gibt Einkaufswagen mit Bremsen und Sitzfläche sowie spezielle Wagen für Rollstuhlfahrer. Auch die Auswahl der Angestellten 50+ folgt dieser Philosophie. Man kann nur hoffen, dass sich dieses Modell auch in Deutschland durchsetzt. Es würde uns allen das Einkaufen leichter machen.

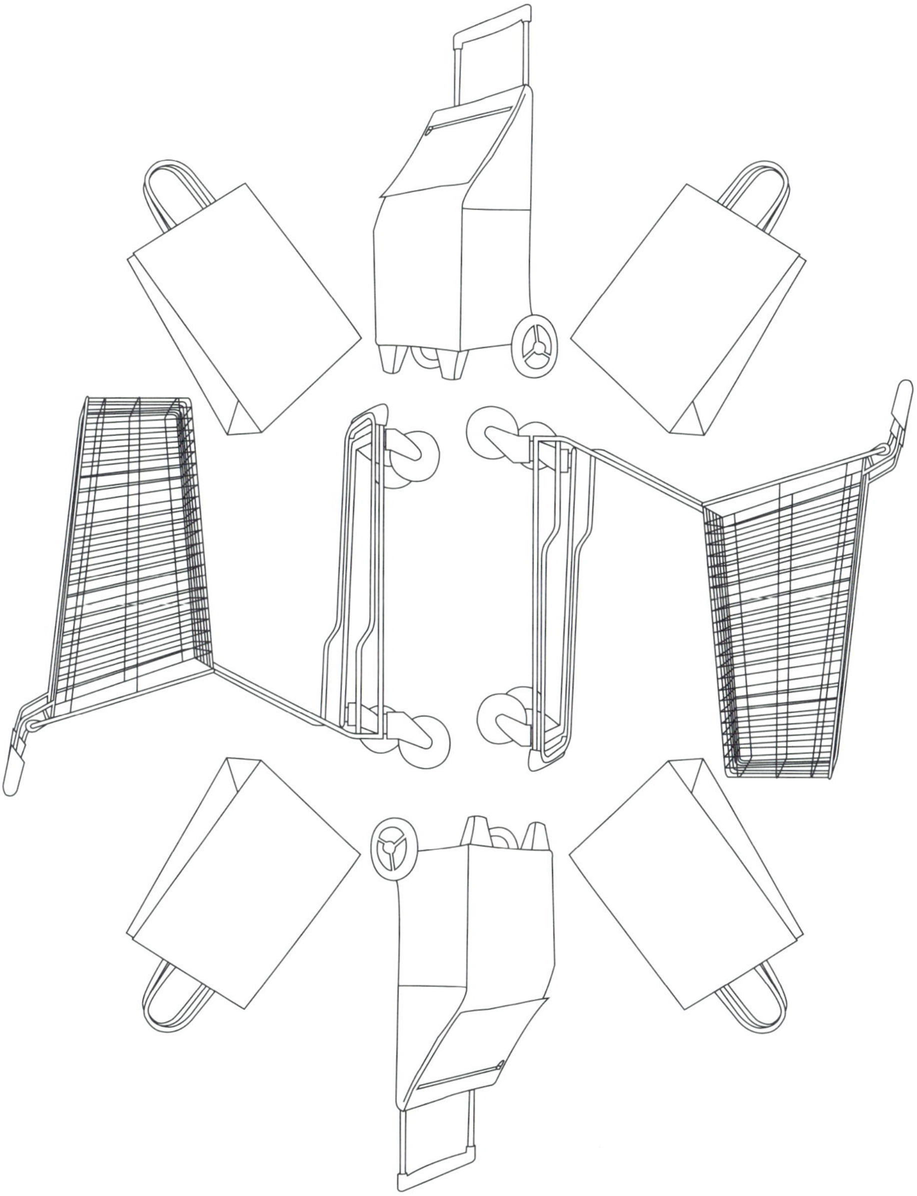

HAUSHALT

 Mittlerweile ist es kein Problem, Lebensmittel online zu bestellen und sich die Einkäufe nach Hause bringen zu lassen. Viele Supermarktketten bieten das auf ihrer Website an und liefern bis an die Wohnungstür. Auch Verbände wie das »Deutsche Rote Kreuz« haben einen Einkaufsservice. Oder man findet Aushänge von ehrenamtlichen Helfern am Schwarzen Brett im Supermarkt.

 Das Tragen fällt leichter, wenn die Einkäufe auf zwei Taschen verteilt sind. Einkaufstaschen mit Rollen oder ein Fahrradkorb am Rad erleichtern ebenso den Transport.

 Eine weitere Unterstützung bietet die Tüten-Tragehilfe. Sie erleichtert das Tragen und verhindert das Einschneiden der Henkel in die Hände.

1. Kaufen Sie im Baumarkt ein Schaumstoffrohr zur Rohrisolierung. Es gibt sie in verschiedenen Durchmessern, Stärken und Farben.

2. Schneiden Sie ein ca. 10 cm großes Stück ab und schneiden Sie das Rohr an einer Seite halb auf.

3. Nun stülpen Sie es um die Henkel der Tüten und Beutel.

MATERIAL:
Rohr zur Rohrisolierung

WERKZEUG:
Schere

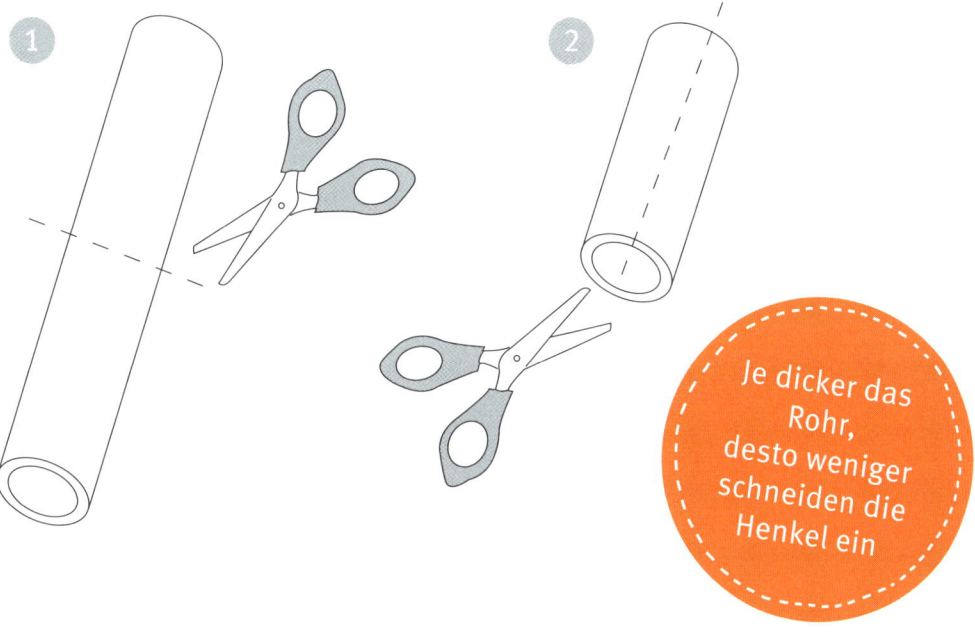

Je dicker das Rohr, desto weniger schneiden die Henkel ein

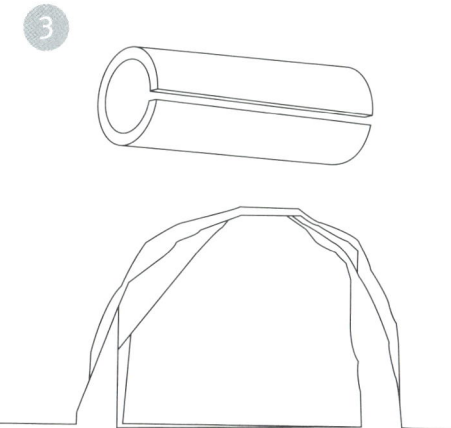

IN DER KÜCHE

LEIB UND SEELE

In der Küche wird nicht nur gekocht oder gegessen, hier spielt sich ganz viel Leben ab. Oft ist sie Mittelpunkt und Treffpunkt der Wohnung.

 Menschen mit (und ohne) Gedächtnisproblemen helfen Bilder, die bestimmte Abläufe, zum Beispiel das Bedienen der Kaffeemaschine oder des Wasserkochers, erklären. Die bildliche Kennzeichnung von Schränken (Tassen, Teller etc.) erleichtert die Orientierung in der Küche. Das funktioniert am Besten mithilfe von Fotos, da Zeichnungen missverstanden werden können.

 Auf → Seite 61 finden Sie hierzu ein erklärendes Beispiel.

IN DER KÜCHE

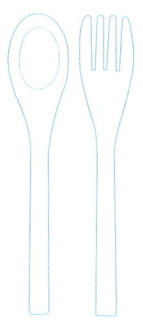

KOCHEN

Wie beim Putzen ist es auch bei der Arbeit in der Küche nicht optimal, wenn der Helfer die ganze Arbeit übernimmt. Vor allem dann nicht, wenn das Kochen stets die Aufgabe des Anderen war. Dann kann der Verlust dieser Verantwortung zu Unlust und Resignation bei Ihrem Gegenüber führen. Bei einfachen Aufgaben muss sich nicht viel ändern, zum Beispiel beim Schälen der Kartoffeln oder Decken des Tisches. Wenn die Umsetzung mal nicht perfekt ist, Messer und Gabel an der falschen Stelle liegen oder manchmal die halbe Kartoffel weggeschält wird, nehmen Sie es mit Humor und erfreuen Sie sich einfach an der gemeinsamen Arbeit.

Vermutlich kennt der Mensch, dem Sie helfen, eigene Tipps und Tricks, die Sie sich abschauen oder erklären lassen können.

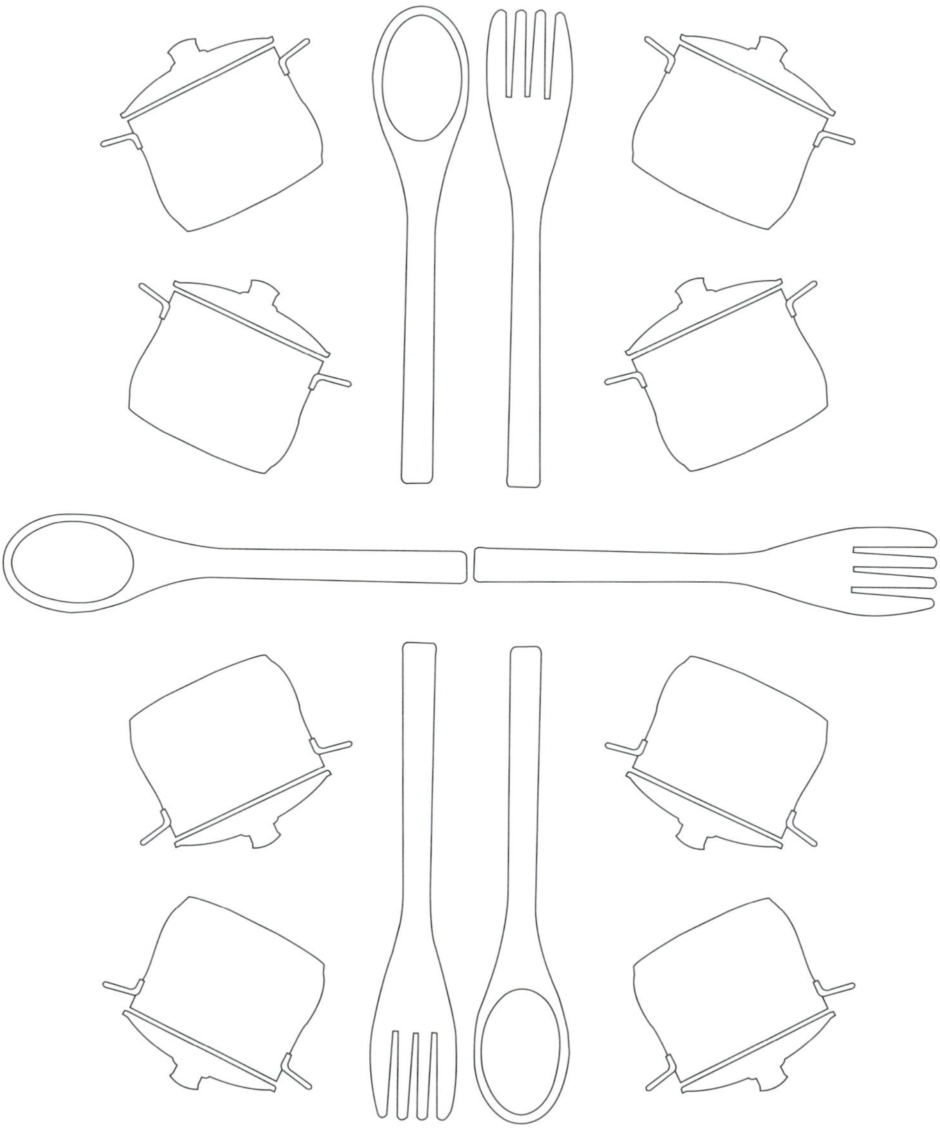

IN DER KÜCHE

 Mit zunehmendem Alter sinkt der Kalorienbedarf und die Essgewohnheiten verändern sich. Achten Sie darauf, dass der Bedarf durch einen vielseitigen Speiseplan gedeckt und der Körper mit allem versorgt wird, was er braucht. Falls Ihnen die Einfälle fehlen, lohnt es sich, einen Koch- oder Ernährungskurs zu besuchen. Es gibt auch spezielle Kurse, die auf die Bedürfnisse älterer Menschen angelegt sind, einige (vom Arzt verordnete) werden von den Krankenkassen bezuschusst.

 Bilden Sie ein Team: Der eine wäscht, der andere schneidet das Gemüse; der eine rührt, der andere würzt etc.

 Filetieren Sie den Fisch und schneiden Sie das Fleisch gegebenenfalls in mundgerechte Stücke vor, um den Verzehr zu erleichtern.

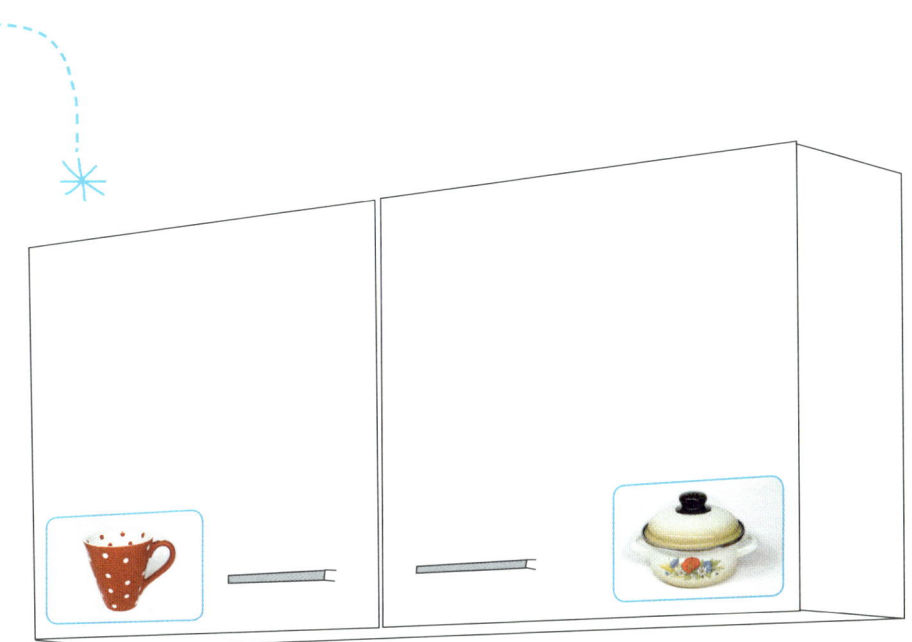

IN DER KÜCHE

 Bei mehreren gleich aussehenden Knöpfen am Herd kann es passieren, dass man die falsche Herdplatte einschaltet. Meistens fällt einem der Fehler erst dann auf, wenn man sich wundert, warum das Essen nicht heiß wird oder das Wasser nicht anfängt zu kochen. Hier lässt sich durch eine farbliche Markierung der Knöpfe leicht Unterscheidbarkeit herstellen.

1. Kleben Sie das Isolierband (jeweils eine andere Farbe) an die Knöpfe des Herds.

2. Um den Bezug zwischen Knöpfen und Herdplatten herzustellen, kleben Sie nun jeweils einen farblich passenden Streifen neben die entsprechende Herdplatte.

MATERIAL:
Isolierband

WERKZEUG:
Schere

①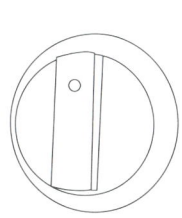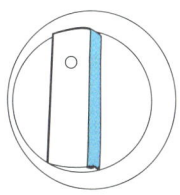

②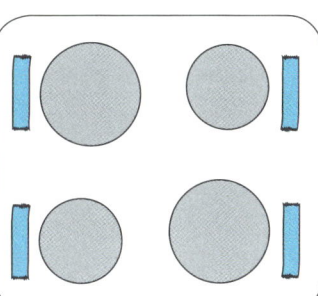

Isolierband ist bis 80°C hitzebeständig

IN DER KÜCHE

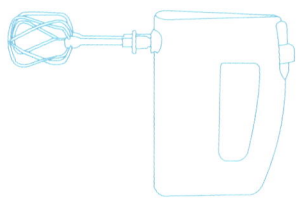

BACKEN

Bestimmt kennen Sie auch dieses wohlige Gefühl, wenn Sie frisch gebackenen Kuchen riechen.

An dieser Stelle möchte ich Ihnen zwei meiner Lieblingskuchenrezepte an die Hand geben. Das erste Rezept besticht durch seine Einfachheit und eignet sich besonders gut für kurzfristig angekündigten Besuch. Den Apfelkuchen aus dem zweiten Rezept gibt es bei uns zu jedem Geburtstag und schmeckt besonders lecker, wenn er noch warm ist und mit einem ordentlichen Klacks Sahne obendrauf.

Verteilen Sie beim gemeinsamen Backen die Aufgaben sinnvoll. Viel Spaß dabei und einen guten Appetit!

Danke für das Verraten eurer Rezepte, meine lieben Kuchenbäckerinnen!

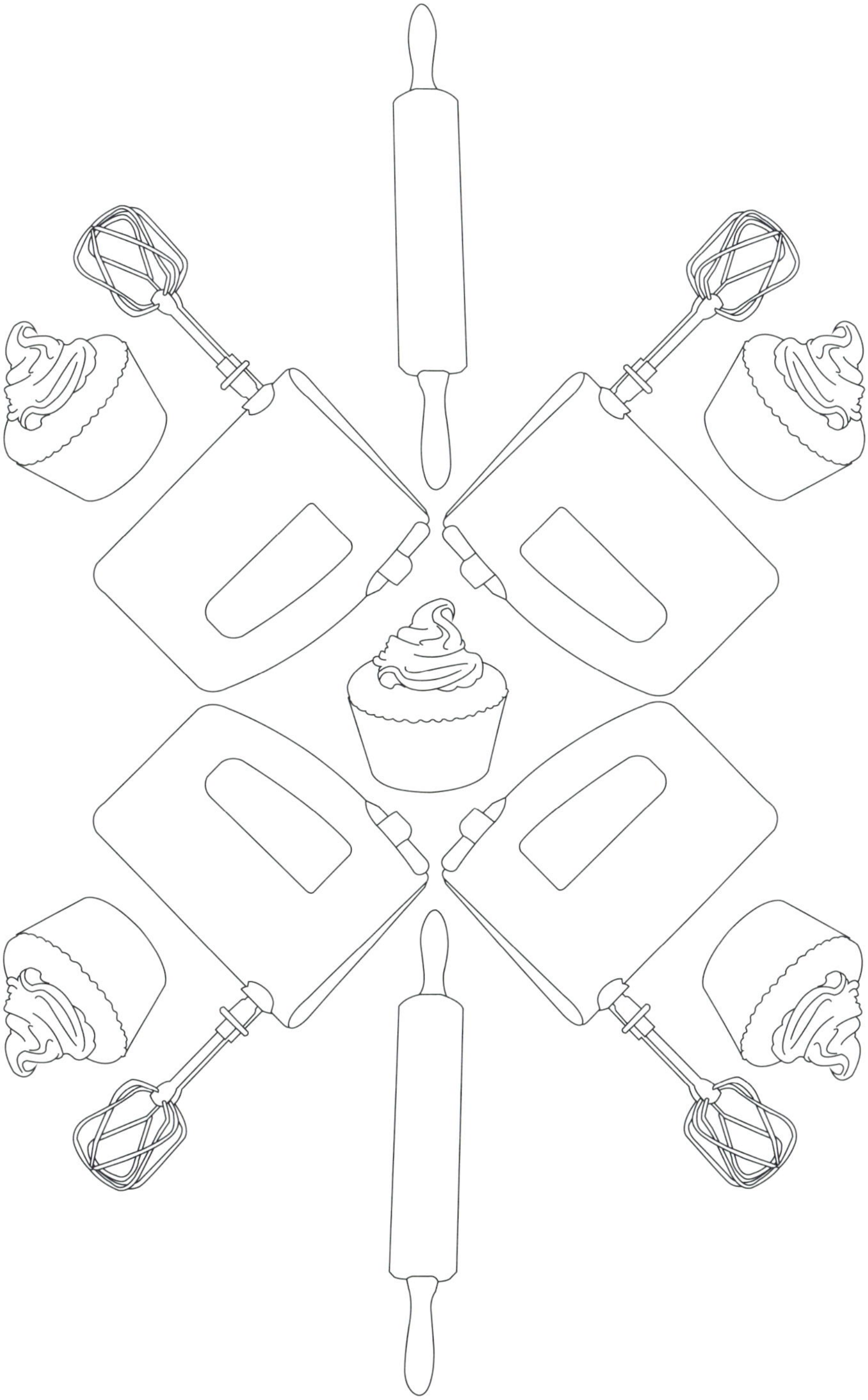

IN DER KÜCHE

 Das Tolle an »Sarahs Mandel-Blechkuchen« ist, dass der Sahnebecher zugleich der Messbecher ist. Außerdem lässt sich der Kuchen prima einfrieren und an einem anderen Tag wieder auftauen.

FÜR DEN TEIG BRAUCHEN SIE:

1 Becher Sahne (unser Messbecher!)
1 Becher Zucker
1 Päckchen Vanillezucker
2 Becher Mehl
1 Päcken Backpulver
3 – 4 Eier (je nach Größe)
1 Prise Salz

Schütten Sie die Sahne in eine Schüssel. Dann füllen Sie den Zucker in den leeren Becher, geben diesen zu der Sahne hinzu und mixen das Ganze. Die restlichen Zutaten (Vanillezucker, 2 Becher Mehl, Backpulver, Eier und die Prise Salz) nach und nach in die Schüssel geben. Im Anschluss verteilen Sie den Teig auf ein mit Butter eingefettetes Backblech.

Bei 180 – 200 °C für ca. 10 – 15 Minuten backen (bis der Teig goldgelb ist).

MATERIAL:
Sahne, Zucker, Vanillezucker, Mehl, Backpulver, Eier, Salz, Mandelblätter, Butter, Milch

WERKZEUG:
Sahnebecher, Backblech, Mixer

FÜR DEN BELAG BRAUCHEN SIE:

200 g Mandelblätter
1 Becher Zucker
1 Päckchen Vanillezucker
125 g Butter
4 Esslöffel Milch

Die Butter in einem Topf schmelzen, dann den Zucker und Vanillezucker unterrühren. Den Topf vom Herd nehmen, die Mandeln und die Milch beigeben. Die Masse nun auf den goldgelben Kuchen verteilen und für weitere 10–15 Minuten in den Backofen schieben.

Wenn die gewünschte Bräune erreicht ist, den Kuchen herausnehmen. Damit der Belag am Ende schön knusprig wird, noch einmal kurz die Umluft anmachen (wenn vorhanden).

IN DER KÜCHE

 Ein total leckerer und fruchtiger Kuchen ist »Mamas gedeckter Apfelkuchen«.

FÜR DEN TEIG BRAUCHEN SIE:

350 g Mehl
2 Tl Backpulver
150 g Butter
100 g Zucker
1 El Vanillezucker
1 Prise Salz
1 Ei

Mehl, Backpulver, Butter, Zucker, Vanillezucker, Salz und das Ei zu einem glatten Teig kneten und im Anschuss 30 Minuten kalt stellen.

FÜR DIE FÜLLUNG BRAUCHEN SIE:

100 g Zucker
1 kg Äpfel
1 Tl Zimt
100 g Rosinen

MATERIAL:
Mehl, Backpulver, Butter, Zucker, Vanillezucker, Salz, Ei, Äpfel, Zimt, Rosinen

WERKZEUG:
Springform, Sieb

Während der Teig ruht, die Äpfel schälen und entkernen. Die Äpfel mit dem Zucker und den Rosinen dünsten, bis sie fast weich sind. Nun den Zimt zugeben und das Ganze in einem Sieb abtropfen lassen.

Eine gefettete Springform mit zwei Drittel des Teiges auslegen, dabei einen 3 cm hohen Rand formen. Den Boden mehrmals mit der Gabel einstechen.

Den Boden im vorgeheizten Backofen bei 200 °C 15 Minuten vorbacken, im Anschluss etwas abkühlen lassen und dann die Füllung auf dem Boden verteilen.

Den restlichen Teig zu einer runden Platte ausrollen und auf die Füllung legen. Wer mag, kann den Kuchen mit Eigelb bestreichen.

Nun den Kuchen zurück in den Ofen stellen und auf der mittleren Schiene bei 190 °C in etwa 30 Minuten fertig backen.

IN DER KÜCHE

ESSEN

Das Greifen und Benutzen von Besteck kann im Alter zunehmend schwerfallen. Menschen mit Alzheimer benutzen in so einer Situation immer häufiger ihre Finger zum Essen. Das ist, wenn man nicht gerade im Restaurant sitzt, in Ordnung. Dieses Verhalten kann einerseits daran liegen, dass die Handhabung von Messer und Gabel nicht mehr beherrscht wird, andererseits weil Sinn und Zweck des Bestecks vergessen werden. Um generell das Greifen und die Handhabung zu erleichtern, ist es hilfreich die Grifffläche des Bestecks zu vergrößern. Auch eine rauere Oberfläche kann das Abrutschen und Aus-der-Hand-Fallen des Bestecks vermeiden.

Für eine einfachere Handhabung von Teller und Besteck gibt es bereits einige Produkte, zum Beispiel Teller mit Begrenzung am Rand, Besteck mit großen Griffen u.ä. (→ *Alternativen,* Seite 81)

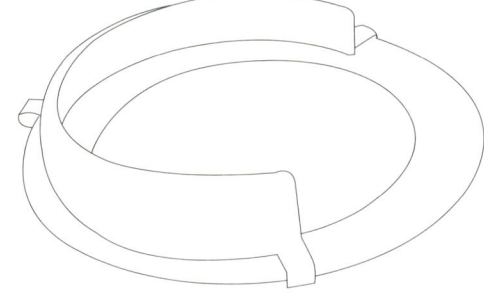

 Die Mahlzeiten sollten eine feste Routine sein. Das gliedert den Tag und sorgt dafür, dass regelmäßig gegessen wird. Stellen Sie dennoch fest, dass Ihr Gegenüber immer mehr an Gewicht verliert, protokollieren Sie die Mahlzeiten und versuchen Sie, die Ursachen dafür herauszufinden. Fehlt das Hungergefühl, wird das Essen vergessen oder gibt es womöglich gesundheitliche Ursachen? Kochen Sie öfter mal die Lieblingsspeise des zaghaften Essers.

 Wenn ständig nach Essen verlangt wird und das Gewicht zunimmt, hilft ebenso ein Protokoll. Durch einen stringenten Zeitplan mit festen Essenszeiten können Sie Heißhunger in den Griff bekommen.

 In beiden beschriebenen Fällen ist es wichtig, regelmäßig das Gewicht zu überprüfen und gegebenenfalls einen Arzt aufzusuchen. Einen Snackteller mit gesunden Häppchen aus Obst und Gemüse können Sie so oder so vorbereiten und griffbereit hinstellen.

IN DER KÜCHE

 Wenn das Benutzen von flachen Tellern problematisch wird, nehmen Sie einfach tiefe Teller oder eine Schüssel. Auch das mundgerechte Anrichten der Nahrung (Menge, Größe der Stücke etc.) beugt Missgeschicken vor.

 Um Verschlucken zu vermeiden, ist es hilfreich, einen kleinen Löffel statt einen großen zu benutzen, so ist die Menge des Essens geringer und leichter aufzunehmen.

 Mit den passenden Hilfsmitteln können alte Menschen auch weiterhin ihr gewohntes Essbesteck benutzen, anstatt neues, teures Spezialbesteck kaufen zu müssen.

VARIANTE EINS

1. Nehmen Sie das gewohnte Besteck und mehrere handelsübliche Küchengummis.

2. Nun wickeln Sie unterhalb des Kopfes von Messer/Gabel/Löffel so viele Gummis herum wie nötig.

MATERIAL:
Haushaltsgummis

Durch die Gummibänder entsteht eine Barriere, die die Benutzung erleichtert und dafür sorgt, dass man nicht so leicht abrutscht. Wichtig ist, dass die Gummibänder stramm gewickelt sind, damit sie nicht verrutschen.

IN DER KÜCHE

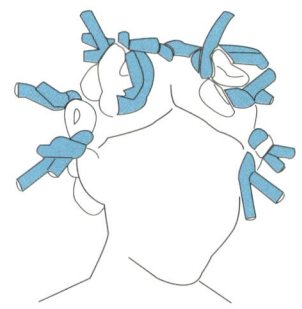

VARIANTE ZWEI

1. Kaufen Sie im Drogeriemarkt Papilloten.

2. Den Draht in der Papillote schneiden Sie mit der Kneifzange durch. Das Loch, wo der Draht durchlief, wird Ihnen bei Punkt 4 noch hilfreich sein.

3. Nun halbieren Sie den Lockenwickler quer.

4. Stecken Sie ihn (mit ein bisschen Kraftaufwand) über den Griff von Messer/Gabel/Löffel.

So erhält das Besteck eine größere Greiffläche und ist leichter zu handhaben.

2

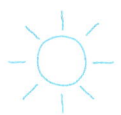

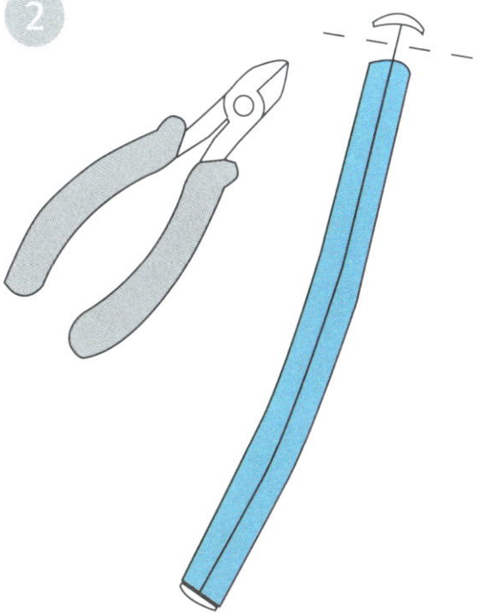

3

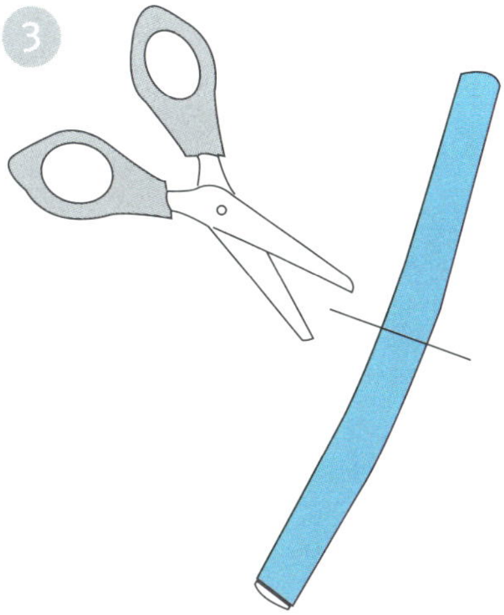

Papilloten sind spülmaschinenfest

4

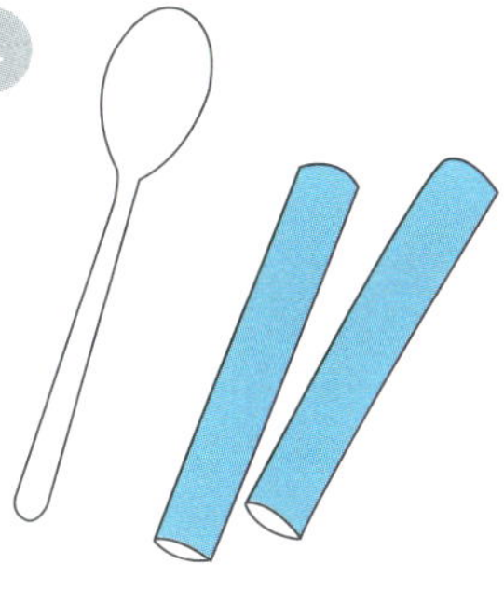

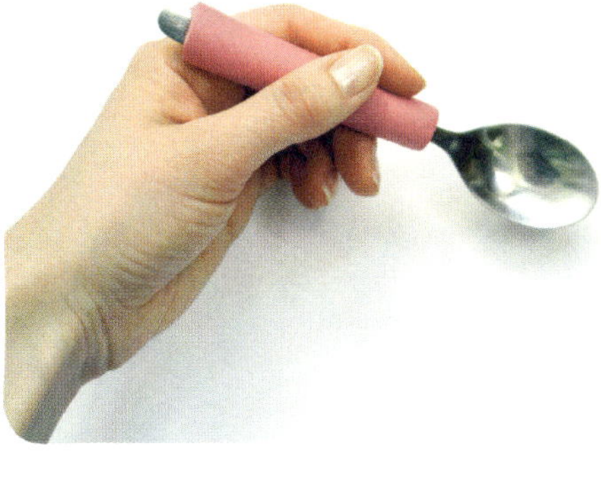

IN DER KÜCHE

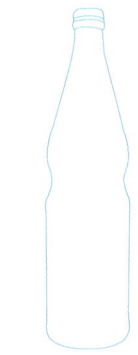

TRINKEN

Ausreichend viel zu trinken, ist wichtig, denn Flüssigkeitsverlust kann zu Kreislaufproblemen führen und gesundheitliche Schäden verursachen.

Bei Menschen mit Alzheimer ist insbesondere darauf zu achten, dass es während des Krankheitsverlaufs häufig zu Problemen mit dem Schluckreflex kommt. Das erschwert das Trinken und führt oft zu einer Verweigerung aus Angst sich zu verschlucken. Hier kann es hilfreich sein, spezielle Becher oder Strohhalme zum Trinken bereitzustellen.

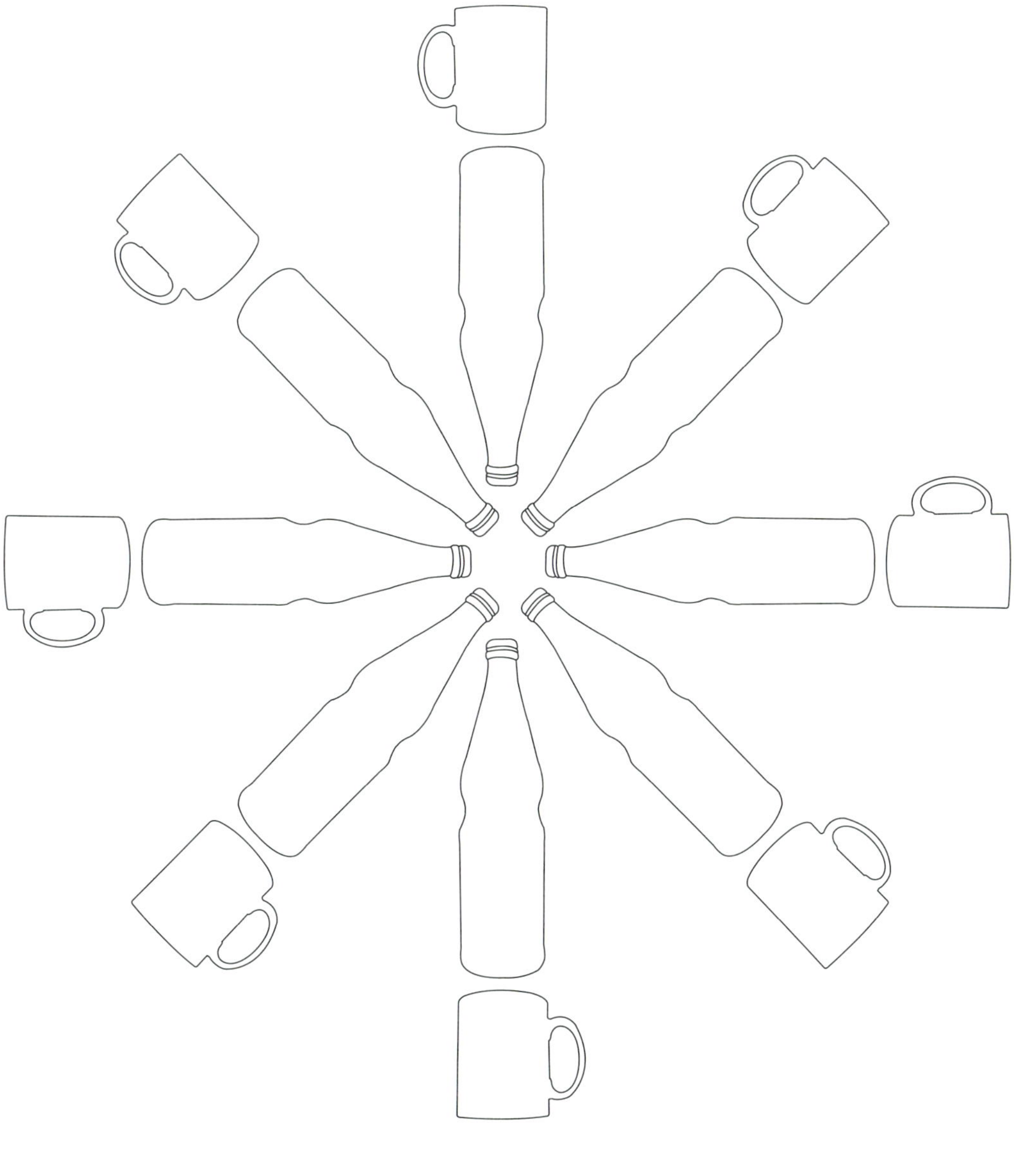

IN DER KÜCHE

 Sorgen Sie für Abwechslung. Bereiten Sie zum Beispiel einen Smoothie vor (Tiefkühlbeeren eignen sich besonders gut dazu) oder kaufen Sie Obst- und Gemüsesäfte ein. Das gibt Ihnen beiden Energie.

 Am Besten stellen Sie Getränke gut sichtbar und zugänglich auf. Das erinnert sowohl Sie als auch Ihr Gegenüber daran, regelmäßig etwas zu trinken. Schilder, die an das Trinken erinnern, können zusätzlich hilfreich sein.

 Wenn trotz der Erinnerungszettel das Trinken vergessen wird, versuchen Sie es mit einer Erinnerung per Handy. Dieses kann zum Beispiel jede halbe Stunde mit einem besonderen Signal klingeln.

Trinken nicht vergessen!!!

Trinken!

ALTERNATIVEN

Hier finden Sie verschiedene Produkte zu Alltagssituationen aus dem Kapitel »Mittags«.

TROLLEY (NZ6018)
Material: Polyestergewebe
Größe: 42,5×74×28 cm
Volumen: 40 Liter
Besonderheiten: höhenverstellbarer Griff inklusive Kühltasche
Hersteller: »reisenthel«
Preis: ab ca. 70 €

EINKAUSTÜTEN-TRAGEHILFE
Material: Kunststoff
Besonderheiten: lang anhaltender Tragekomfort, erleichtert das Tragen
Hersteller: »Monkeybrother«
Preis: ca. 6 €

ZUBEREITUNGSMESSER
Material: Edelstahl, Kunststoff
Länge der Klinge: 19,5 cm
Gewicht: 140 g
Besonderheiten: gelenkschonender Griff
Hersteller: »SWERECO«
Preis: ca. 29 €

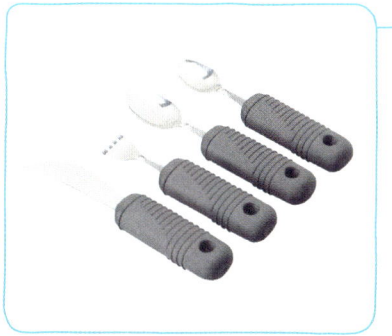

SUREGRIP BESTECK-SET

Material: Edelstahl, Gummi
Länge: 21 cm
Durchmesser: 3,8 cm
Gewicht: 65–76 g
Hersteller: »homecraft«
Preis: Einzelpreise ca. 20 €

STROHHALMHALTER

Material: Kunststoff
Durchmesser: 6 mm
Hersteller: »Vitility«
Preis: Einzelpreis ca. 1,50 €,
6er-Set ca. 8 €

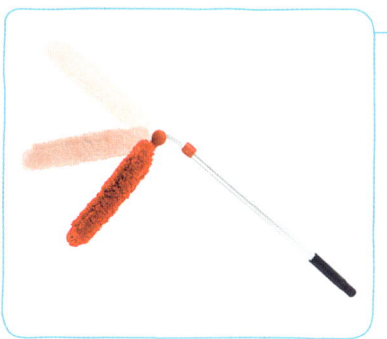

LANGSTIELIGER STAUBWEDEL

Material: u. a. Aluminium, Gummi
Länge: 23,5 × 10 × 98 cm
Gewicht: 630 g
Hersteller: »OXO«
Preis: ca. 30 €

KOMMUNIKATION

TELEFONIEREN

Wer lieber spricht und die Stimme des Anderen hört als Mails und Kurznachrichten zu schreiben, für den ist das Telefon oftmals die einzige Möglichkeit Kontakt zu halten. Sei es, weil es aus gesundheitlichen Gründen schwierig ist sich zu treffen oder aufgrund von räumlichen Entfernungen.

Hier ein paar Tipps für entspanntes Telefonieren:

 Überlegen Sie sich einen festen Ort für das Telefon, damit die Schnur nicht zur Sturzgefahr wird oder schnurlose Telefone nicht verlegt werden.

 Wird das Läuten des Telefons nicht gehört, ändern Sie den Klingelton und die Lautstärke. Vielleicht können Sie auch ein eigenes Sprachmemo aufnehmen und als Klingelton verwenden.

KOMMUNIKATION

 Für einen besseren Halt und eine einfachere Handhabung des Telefons bietet es sich an, den Hörer mit rutschfestem und pflegeleichtem Material zu bekleben.

1. Dazu nehmen Sie ein Stück Moosgummi und schneiden es entsprechend der Form des Telefons zurecht.

2. Dann kleben Sie das Moosgummi mit einem Klebeband an den Telefonhörer. Nutzen Sie eine Signalfarbe; das hat zusätzlich den Vorteil, dass das Telefon leichter gesehen wird.

MATERIAL:
Moosgummi, Klebeband

WERKZEUG:
Schere

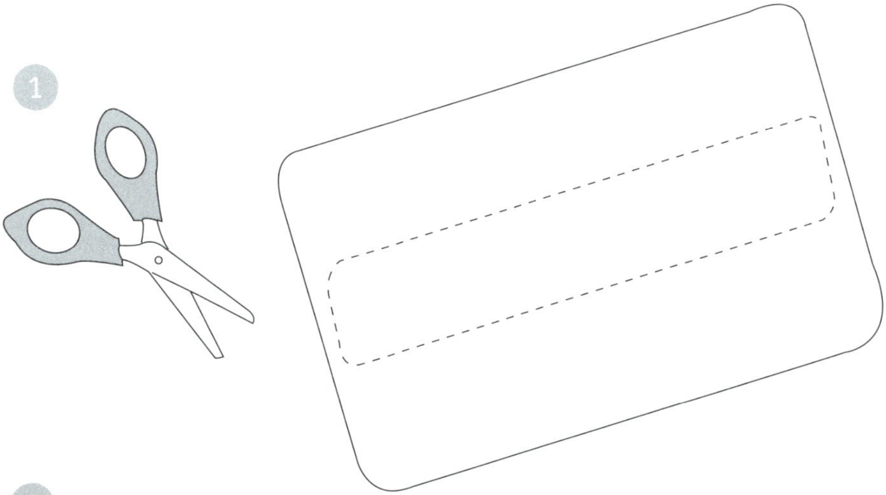

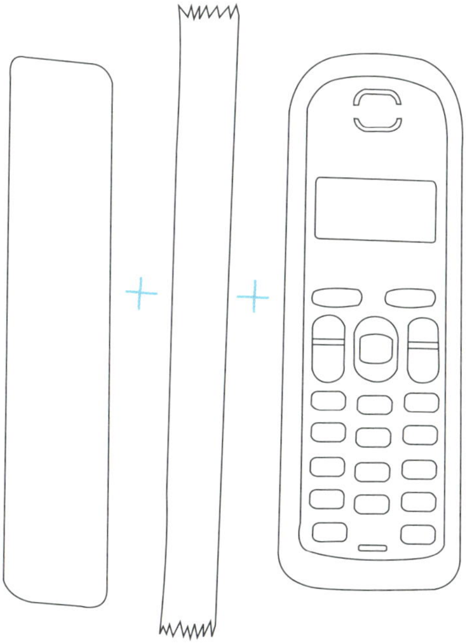

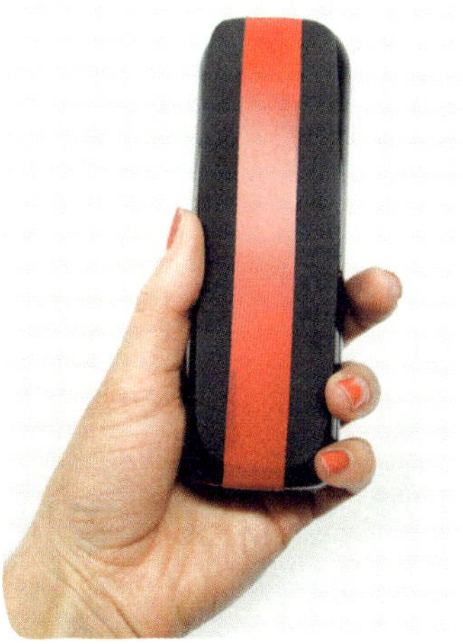

DER KÖRPER

MOBILISIEREN

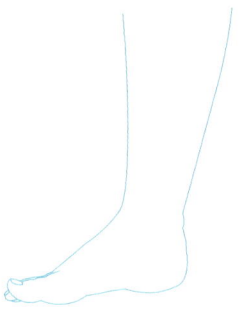

Von A nach B, Treppe rauf, Treppe runter, etwas Heruntergefallenes aufheben, sich am Rücken kratzen – all das wird zur Herausforderung, wenn wir im Alter an Mobilität einbüßen. Vermeidung bestimmter Bewegungsabläufe und Handlungen ist oftmals die Folge, wodurch die Unbeweglichkeit noch größer wird. Um die Mobilität regelmäßig durch kleine Übungen zu trainieren, braucht man nicht einmal besondere Hilfsmittel.

Die Übungen auf den folgenden Seiten machen am meisten Spaß, wenn man sie gemeinsam macht – übertreiben Sie es aber nicht und achten Sie bei sich und Ihrem Gegenüber auf die körperlichen Grenzen.

 In vielen Städten und Gemeinden gibt es vielfältige Angebote für mehr Aktivität im Alltag. Zum Beispiel spezielle Bahn-Tickets 60+ für öffentliche Verkehrsmittel oder Stadtführungen für Rollstuhlfahrer.

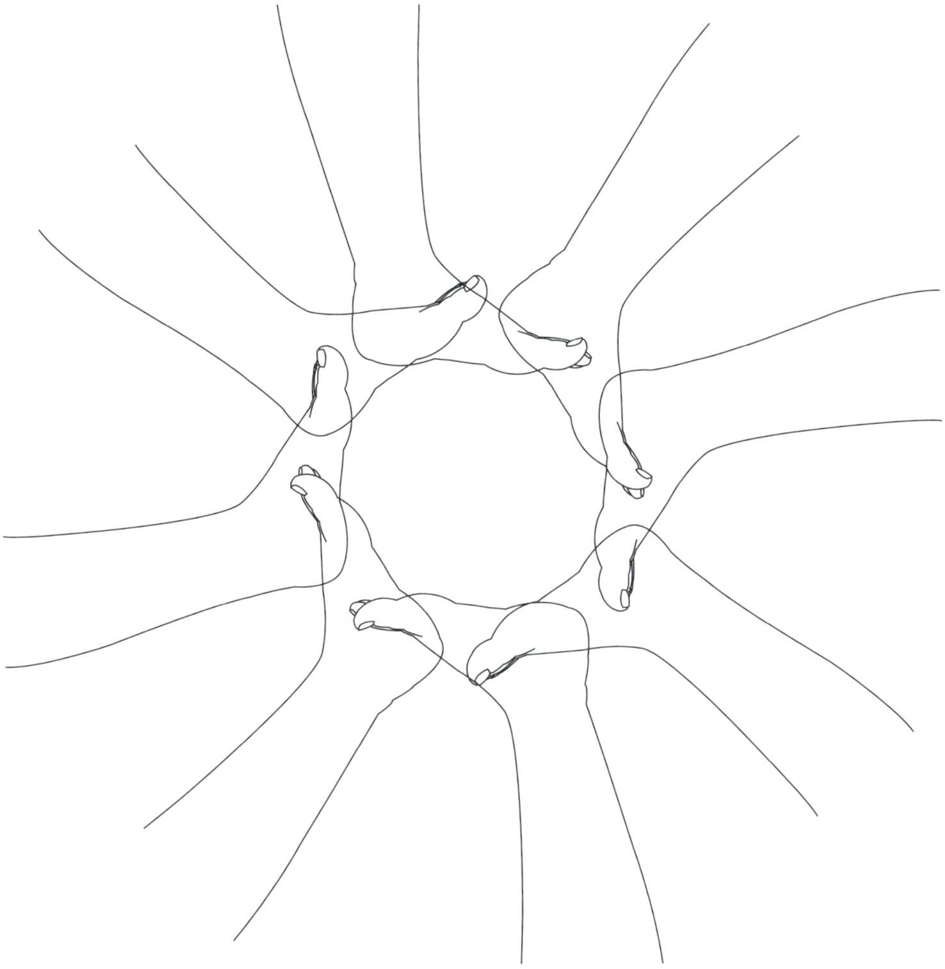

DER KÖRPER

Hier ein paar einfache Übungen zur Mobilisierung von Fingern und Händen:

1. Beginnen Sie mit der einen Hand. Führen Sie nacheinander jeden Finger zum Daumen, tippen Sie diesen einmal an und wieder zurück. Erst den Zeigefinger, dann den Mittelfinger und so weiter.

2. Danach geht es weiter mit den Fingern der anderen Hand.

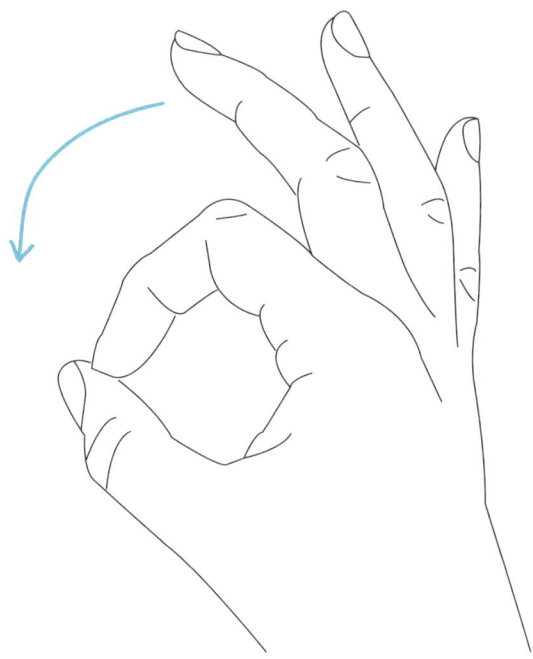

1. Bewegen Sie den Daumen der rechten Hand kreisförmig nach rechts und dann nach links, ohne die restlichen Finger mit zu bewegen.

2. Dies machen Sie nun mit jedem einzelnen Finger der rechten Hand.

3. Und nun die linke Hand. Erst den Daumen und dann die restlichen Finger.

4. Wenn alle Finger bewegt wurden, »spielen« Sie zum Abschluss mit allen Fingern »Luftklavier«.

DER KÖRPER

1. Fassen Sie mit der rechten Hand zum linken Ohr und
2. mit der linken Hand zum rechten Ohr.

Durch Überkreuzübungen können Sie beide Gehirnhälften aktivieren und Ihre Aufmerksamkeit trainieren.

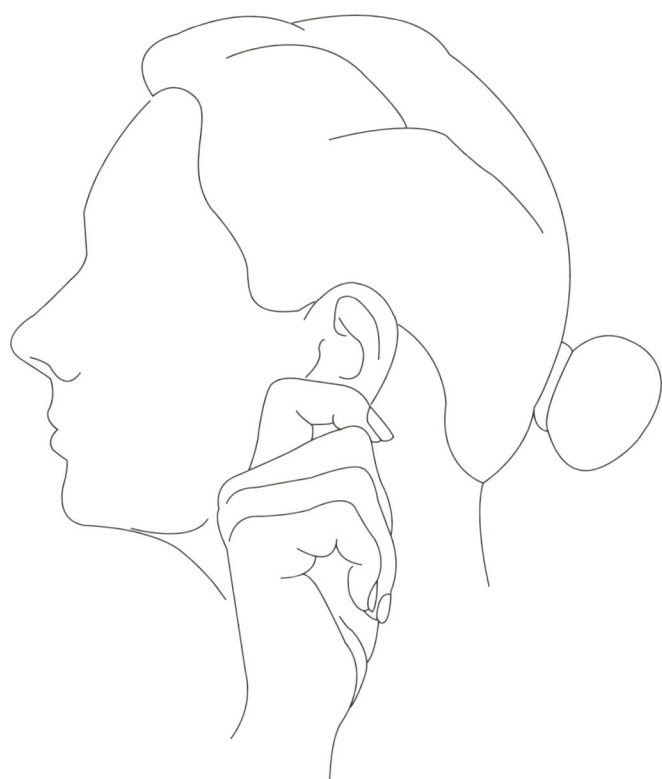

Diese Übung lässt sich besonders gut zu zweit machen.

1. Setzen Sie sich einander gegenüber.

2. Erst gibt der Eine einen Rhythmus vor, indem er mit den Händen auf die Beine klopft, ruhig auch über Kreuz, während der Andere den Rhythmus nachmacht.

3. Dann wird getauscht: Der Andere gibt einen Rhythmus vor und der Partner macht diesen nach.

DER KÖRPER

Eine Übung für Beine und Waden

1. Setzten Sie sich bequem auf einen Stuhl.

2. Fangen Sie an, in der Luft Treppen zu steigen. Erst niedrige, dann hohe Stufen. Mal langsam, mal schnell.

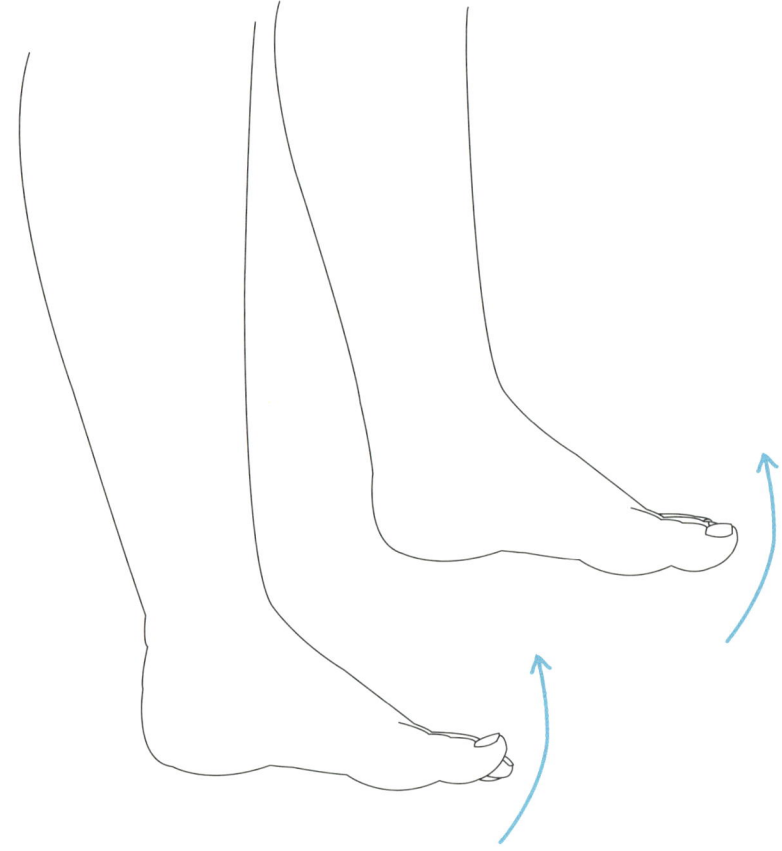

Eine Übung für Füße und Zehen

1. Lassen Sie Ihren rechten Fuß langsam kreisen, erst rechts, dann links herum.

2. Nun bewegen Sie dabei die Zehen nach oben und nach unten.

3. Wiederholen Sie das Ganze mit dem linken Fuß.

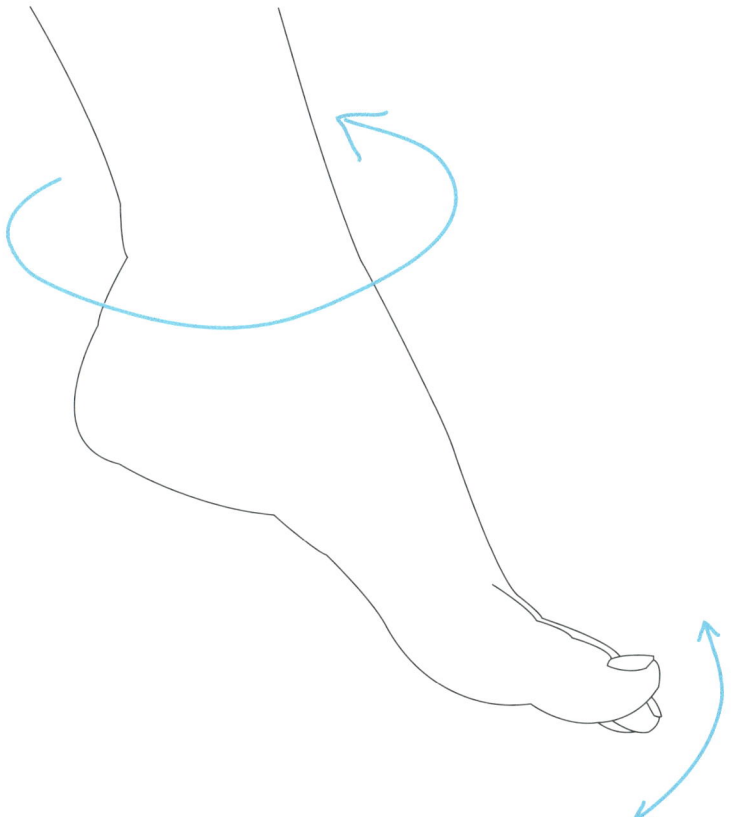

DER KÖRPER

 Zum Trainieren der Hände und um eventuell angestauten Stress abzubauen – hier eine Anleitung für Knetbälle:

1. Nehmen Sie einen Luftballon und pusten Sie ihn auf, ohne ihn zuzuknoten. Durch das Aufpusten wird er etwas geweitet.

2. Nun stülpen Sie die Öffnung des Luftballons über einen Trichter und befüllen ihn mit (Vogel-)Sand. Helfen Sie mit den Händen ein bisschen nach und füllen Sie so viel Sand hinein wie möglich bzw. bis die gewünschte Größe erreicht ist. Achten Sie darauf, dass sich kein Sand mehr im Hals des Luftballons befindet.

3. Nun wird der Luftballonhals abgeschnitten und mit Klebeband verschlossen. Sicherheitshalber stülpen Sie noch einen zweiten Luftballon über den Ball. Das sieht nicht nur schöner aus, sondern verhindert auch, dass Sand austretenden kann.

MATERIAL:
Luftballon, (Vogel-)Sand

WERKZEUG:
Trichter, Klebeband

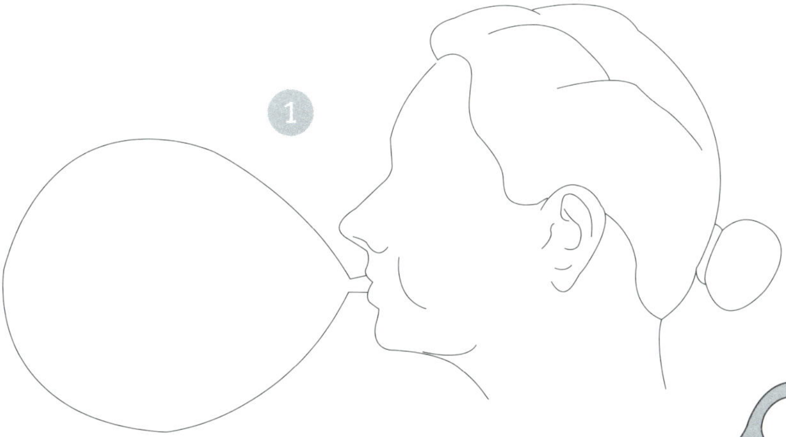

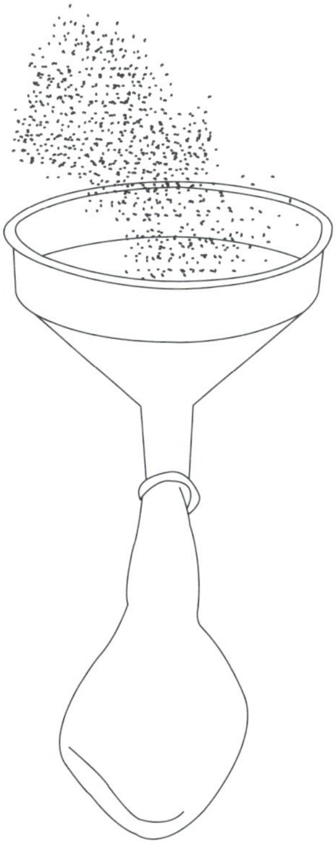

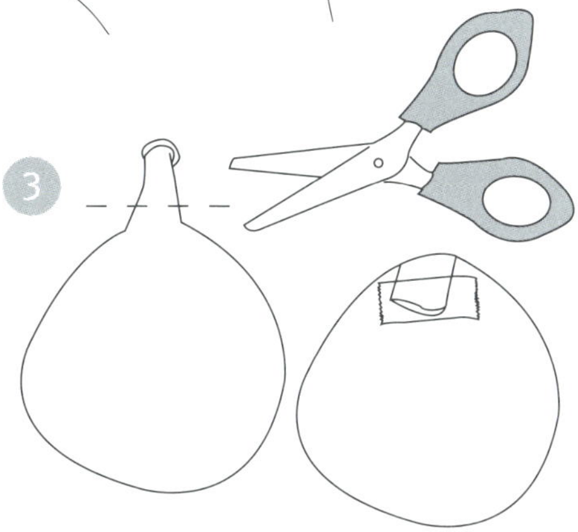

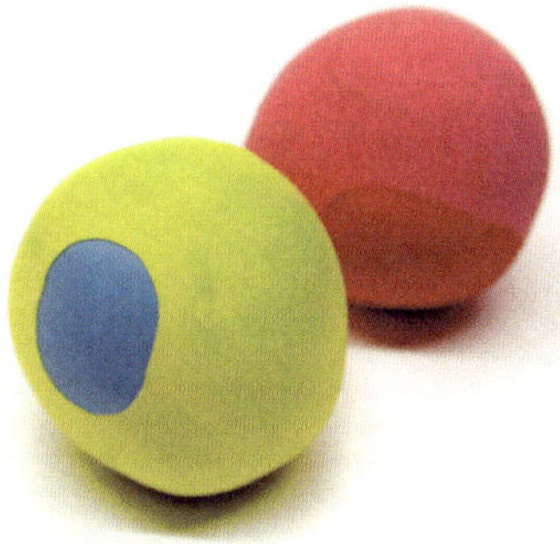

DRAUSSEN

AKTIV BLEIBEN

Frische Luft und Bewegung in der Natur sind nicht nur gut für den Körper. Draußen warten auch viele Entdeckungen aus Flora und Fauna und verschiedene Aktivitäten, die man bis ins hohe Alter machen kann.

 Schauen Sie, was vor Ort angeboten wird, zum Beispiel von Volkshochschulen, Kirchen und Gemeinden. Oder helfen Sie selbst: Bei einem Ehrenamt lassen sich leicht neue Kontakte knüpfen und man kann seine Fähigkeiten nützlich einbringen, etwa beim Vorlesen im Kindergarten oder bei der Hausaufgabenbetreuung. Auch Tierheime und Kirchenchöre freuen sich über Engagement. Jeder kann auf seine Weise aktiver Teil der Gesellschaft bleiben.

DRAUßEN

FAHRRADFAHREN

Für viele ältere Menschen ist besonders der Verzicht auf diese Art der Fortbewegung eine enorme Einschränkung. Nachdem oftmals schon das Autofahren eingestellt wurde, folgt nun ein weiterer Verlust an Mobilität und Unabhängigkeit im Alltag. Auch wenn das Fahrradfahren eine besonders gute Schulung des Gleichgewichts ist, muss darauf verzichtet werden, wenn die Sicherheit gefährdet ist.

Mittlerweile gibt es einige seniorenfreundliche Fahrradmodelle, zum Beispiel mit einem extra tiefen Einstieg. Alternativ bieten andere Fortbewegungsmittel mehr Sicherheit, zum Beispiel spezielle Dreiräder oder Tandems (→ *Alternativen,* Seite 110).

DRAUSSEN

Ein Mann erzählte mir davon, wie er und seine Frau mit der Situation, nicht mehr Fahrradfahren zu können, umgegangen sind und einen Weg gefunden haben, wie sie dies auch weiterhin zusammen genießen können. Der pflegende Ehemann der an Alzheimer erkrankten Frau schweißte durch Querstreben beide Fahrräder nebeneinander. So können die zwei auf ihrem Doppelrad auch weiterhin ihrer liebsten Freizeitbeschäftigung nachgehen. Durch die Verbindung der beiden Räder hat er die Kontrolle über ihr Rad und kann seine Frau sicher durch den Straßenverkehr geleiten.

Hierfür muss man handwerklich schon sehr begabt sein und sich der Aufgabe gewachsen fühlen. Die Wahl des richtigen Materials – ob Aluminium oder Stahl – ist vom Rahmen des Rades abhängig, auch beim Schweißen ist dies zu beachten.

An dieser Stelle möchte ich mich ganz herzlich bei Herrn W. für seine Geschichte und das Foto bedanken.

DRAUßEN

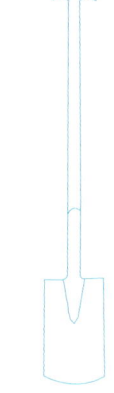

GARTENARBEIT

Der eigene Garten könnte viele Geschichten erzählen – von Festen in Sommernächten und Kindern, die stundenlang Verstecken gespielt haben. Oder von den Tieren, die den Garten besuchen: Rotkehlchen, Eichhörnchen & Co. Und von allem, was dort blüht, duftet und schmeckt: Bäume, Sträucher, Blumen, Beeren, Möhren…

So viel Freude ein Garten bringt, so viel Arbeit macht er aber auch. Das Bücken und Hinknien fällt mit den Jahren immer schwerer, der Rasenmäher lässt sich kaum noch aus dem Schuppen bewegen und so viel, wie im Garten wächst, mag man gar nicht mehr essen.

 Hören Sie sich in der Umgebung nach Helfern um. Der Nachbarsjunge freut sich vielleicht über ein zusätzliches Taschengeld und mäht dafür regelmäßig den Rasen.

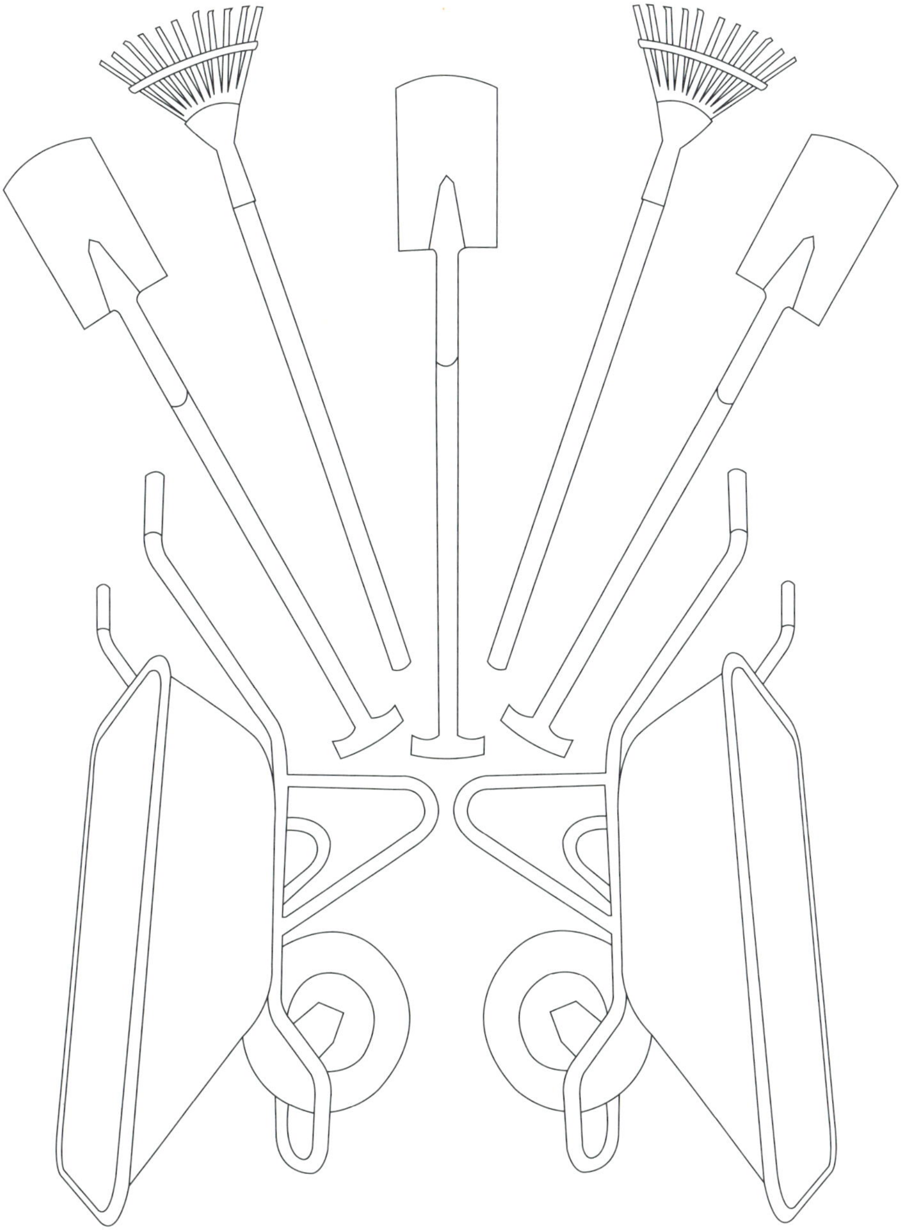

DRAUSSEN

 Zur Vereinfachung der Gartenarbeit empfiehlt sich das Anlegen eines Hochbeetes. So muss man sich nicht bücken, um es zu pflegen oder die Pflanzen zu ernten. Außerdem können die Pflanzen schön tief wurzeln und die Erde friert im Winter nicht so schnell ein.

1. Überlegen Sie als Erstes, an welcher Stelle das Hochbeet stehen und wie groß es sein soll. Machen Sie eine Skizze mit den richtigen Maßen von der Fläche, den Steinen etc. Nun spannen Sie Schnüre auf die Fläche und markieren so den Bereich. Achten Sie dabei auf rechte Winkel.

2. Tragen Sie 25–30 cm tief den Boden auf der geplanten Fläche ab, ruhig etwas breiter (mind. 30 cm) als der angelegte Bereich. Als Schutz vor Wühlmäusen können Sie die ausgehobene Fläche mit Maschendraht auslegen.

3. Die ausgehobene Fläche befüllen Sie mit Splitt- oder Kieselsteinen. Treten Sie die Steine schön fest und achten Sie darauf, dass die Fläche eben wird.

4. Am äußeren Rand der ausgehobenen Fläche platzieren Sie nun die Rasengittersteine.

5. Im Anschluss werden die Rasterflorsteine auf die Rasengittersteine gestellt und versetzt (das ist wesentlich stabiler) in mindestens zwei Reihen nach oben aufgebaut.

MATERIAL:
Maschendrahtzaun, Splitt, Rasengittersteine, Rasterflorsteine, gehäckseltes Holz, Laub, Kompost, Gartenerde

WERKZEUG:
Kordel, Hölzer, Sparten

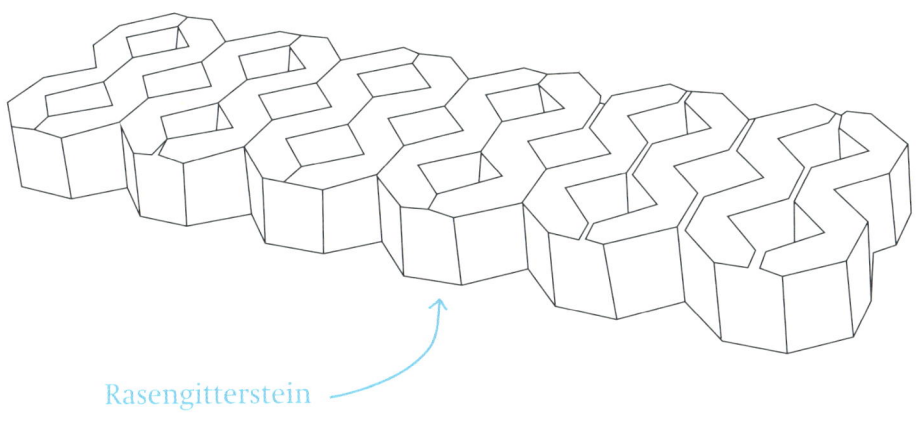

Rasengitterstein

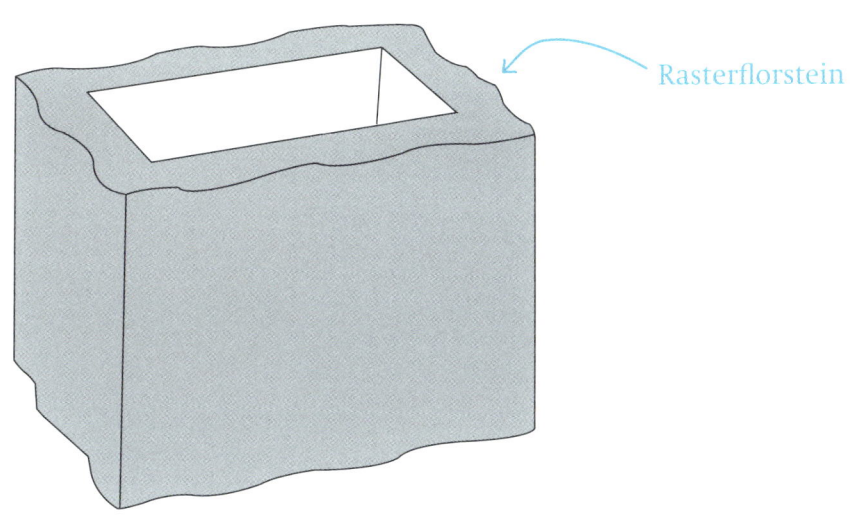

Rasterflorstein

DRAUSSEN

6. Das Befüllen des Hochbeetes geschieht in verschiedenen Schichten (jeweils ca. 25–30 cm hoch). Optimal ist es, wenn Sie als erste Schicht gehäckseltes Holz nehmen. Eventuell muss diese Schicht etwas festgetreten werden. Die zweite Schicht besteht aus Laub. Die hohlen Rasterflorsteine werden genauso gefüllt und können im Anschluss ganz einfach bepflanzt werden. Nun geben Sie eine dünne Schicht der ausgehobenen Erde (5–10 cm reichen aus) zum Beschweren darüber, es folgt grober, halbfertiger Gartenkompost und im Anschluss der fertige, reife Kompost (auch im Baumarkt erhältlich). Jetzt verteilen Sie die restliche ausgehobene Erde auf der Fläche und als letzte Schicht Gartenerde.

7. Nun geht's los mit dem Bepflanzen des Hochbeetes. Viel Spaß dabei!

Sie können Hochbeete auch aus Holz oder Kunststoff bauen

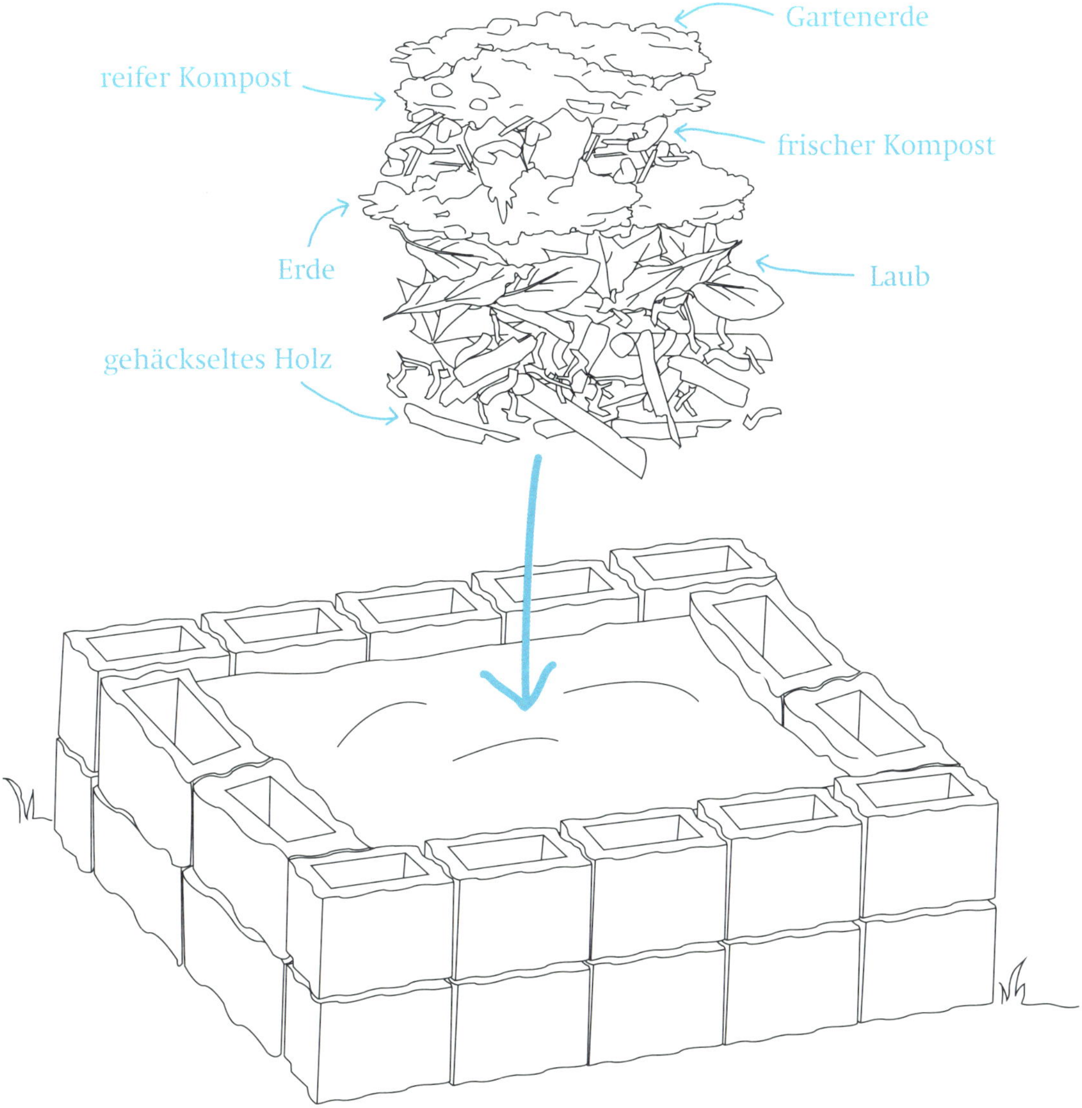

Gartenerde

reifer Kompost

frischer Kompost

Erde

Laub

gehäckseltes Holz

ALTERNATIVEN

Hier finden Sie verschiedene Produkte zu Alltagssituationen aus dem Kapitel »Nachmittags«.

TWINNY TANDEM 26 ZOLL
Material: Stahl, Aluminium
Maße: 66 × 253 cm
Einstiegshöhe: 44 cm
Gewicht: ca. 30 kg
Hersteller: »Van Raam«
Preis: ca. 1.270 €

KNIEKISSEN
Material: Neopren, Schaumstoff
Maße: 30 × 50 × 2 cm
Besonderheiten: wasserdicht, gut abwaschbar
Hersteller: »kneelo«
Preis: ca. 25 €

MOBILTELEFON SECURE 580
Material: u. a. Kunststoff
Besonderheiten: u. a. große Tasten, Notruftaste, Sicherheitstimer, GPS-Ortung
Hersteller: »Doro«
Preis: ca. 130 €

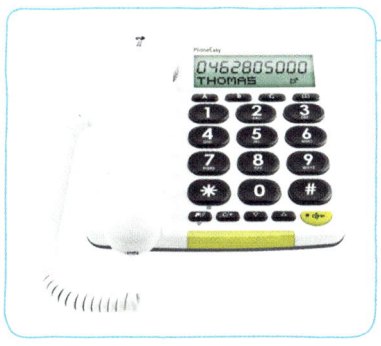

GROSSTASTENTELEFON 312CS

Material: u. a. Kunststoff
Besonderheiten: u. a. große Tasten, Anrufliste, Direktwahltasten, Freisprechfunktion
Hersteller: »Doro«
Preis: ca. 40 €

»HANDMASTER«

Material: Kunststoff
Durchmesser: 7 cm
Besonderheiten: unterschiedliche Widerstände wählbar
Hersteller: »Handmaster«
Preis: ca. 20 €

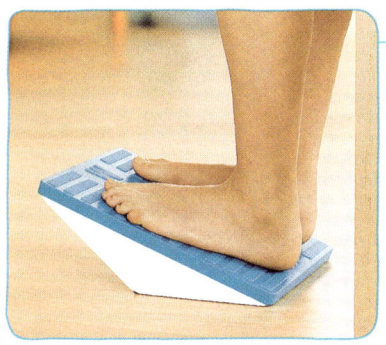

VENENTRAINER

Material: Kunststoff
Maße: 23 × 32 × 3 cm
Die Wippbewegungen trainieren die Wadenmuskeln.
Hersteller: »RUSSKA«
Preis: Einzelpreise ca. 25 €

SPIELEN

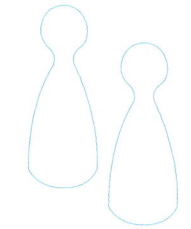

FREUDE GEWINNEN

Spielen trainiert den Geist und bringt Ablenkung und Freude – es sei denn man spielt mit einem notorisch schlechten Verlierer. Die meisten alten Spiele (Mensch-ärgere-dich-nicht, Mühle oder auch Rommé) sind tief in der Erinnerung verankert, so können die Regeln auch bei ersten Anzeichen einer Demenz noch abgerufen werden.

Zu Problemen kommt es in erster Linie bei der Handhabung der Spielfiguren, dem Halten der Karten oder dem Umgang mit dem Spielbrett.

 Nehmen Sie die Regeln nicht immer so genau, je nachdem, wie fit Ihr Gegenüber ist.

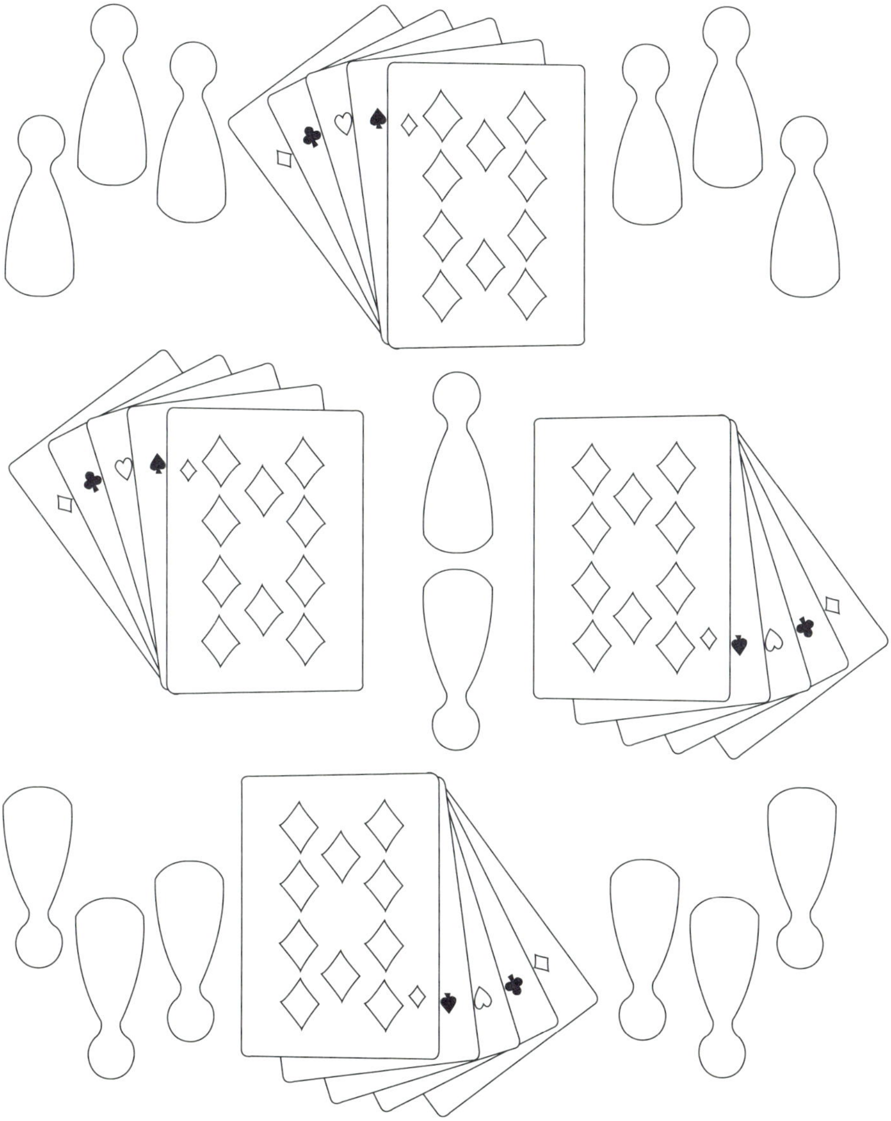

SPIELEN

 Mit großen Spielfiguren spielt es sich leichter. Weinkorken eignen sich besonders gut dafür. Alternativ können Sie aber auch Holzstücke verwenden.

1. Nehmen Sie so viele Korken, wie Sie für Ihr Spiel brauchen.

2. Nun bemalen Sie die Korken mit den verschiedenen Farben des Spiels und lassen sie trocknen. Fertig sind die neuen Spielfiguren!

MATERIAL:
Korken

WERKZEUG:
Farbe, Buntstifte, Pinsel

②

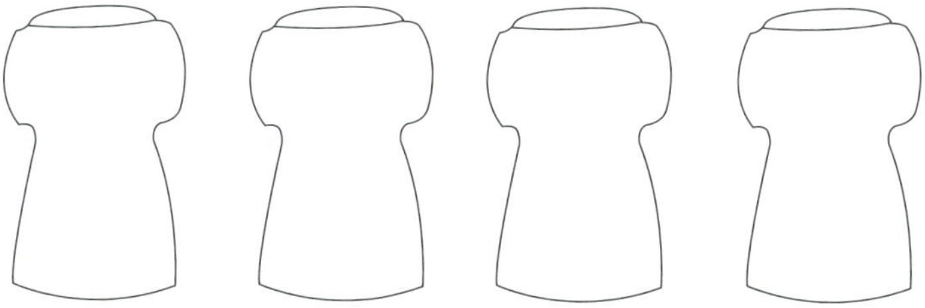

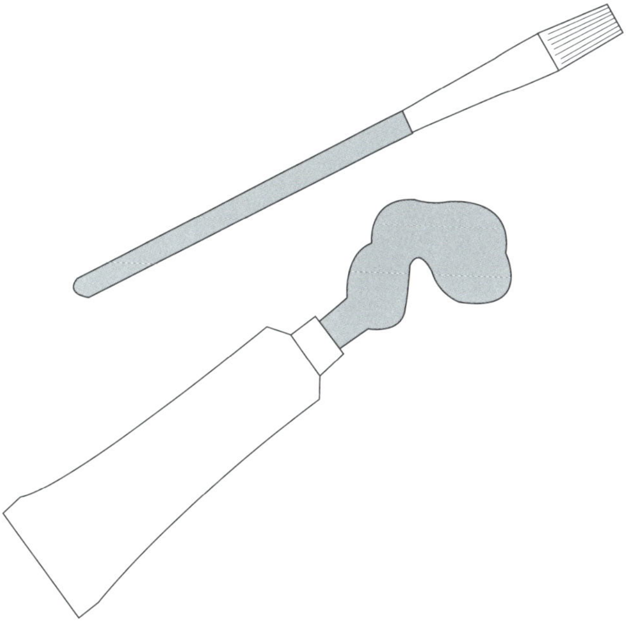

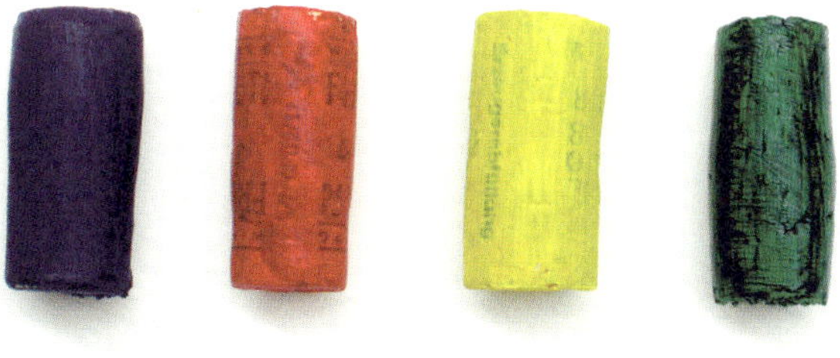

SPIELEN

 Erinnerungskarten helfen dabei, sich zu merken, welche Farbe die eigenen Spielfiguren haben. Dies unterstützt nicht nur den Spieler, sondern auch die Mitspieler, sich die eigene Farbe und die der »Gegner« ins Gedächtnis zu rufen.

1. Schneiden Sie aus einem Blatt Papier mehrere Kreise mit einem Durchmesser von ca. 7 cm aus.

2. Malen Sie den Kreis in der jeweiligen Figurenfarbe an.

3. Zusätzlich können Sie noch den Namen des Spielers auf den Kreis schreiben.

Jeder Spieler/jede Spielerin legt nun den Kreis mit seinem Namen und seiner Farbe vor sich ab und kann so jederzeit nachsehen, welche Farbe seine ist.

MATERIAL:
Papier

WERKZEUG:
Schere, Farbe, Pinsel

1

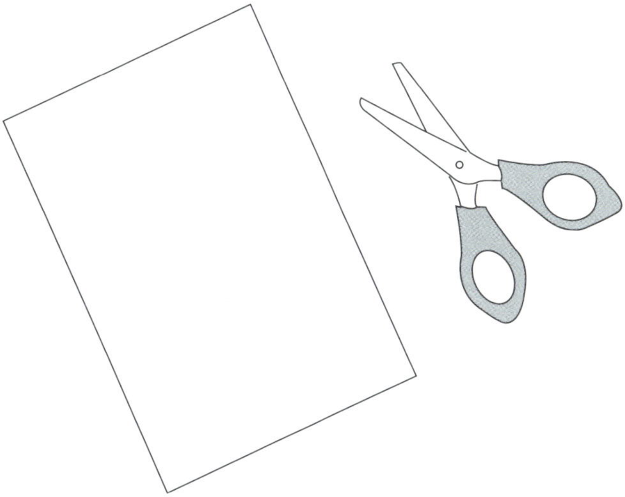

2 3

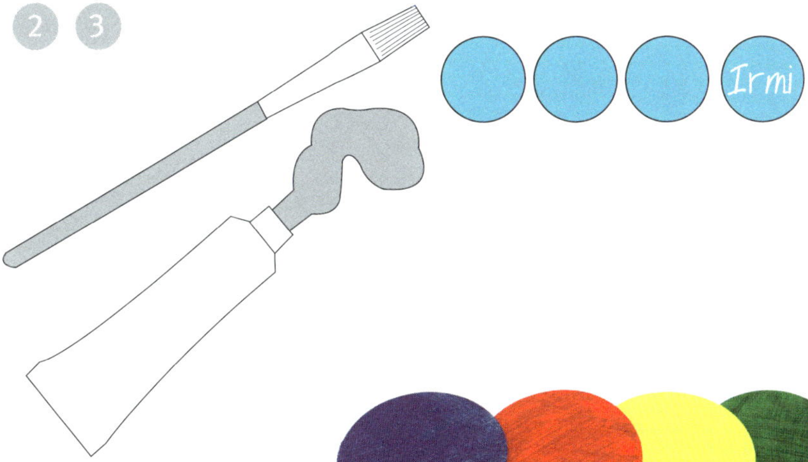

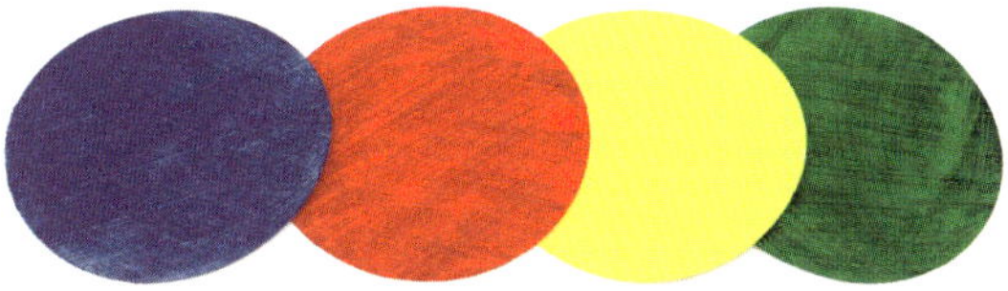

SPIELEN

 Um Spielkarten besser halten zu können, lässt sich ein einfacher Kartenhalter aus Pappe bauen.

1. Nehmen Sie ein Stück Bastelkarton (kann auch eine Müsliverpackung oder ein Pizzakarton sein) und schneiden zwei Kreise mit einem Durchmesser von ca. 12 cm aus.

2. Dann schneiden Sie mit Hilfe des Cutters zwei kleine Schlitze in die Mitte der Kreise, stecken die sogenannten Musterklammern durch und knicken die Enden um.

3. Nun können Sie die Spielkarten zwischen die beiden Kreise stecken. Los geht's!

MATERIAL:
Karton, Musterklammern

WERKZEUG:
Schere, Cutter

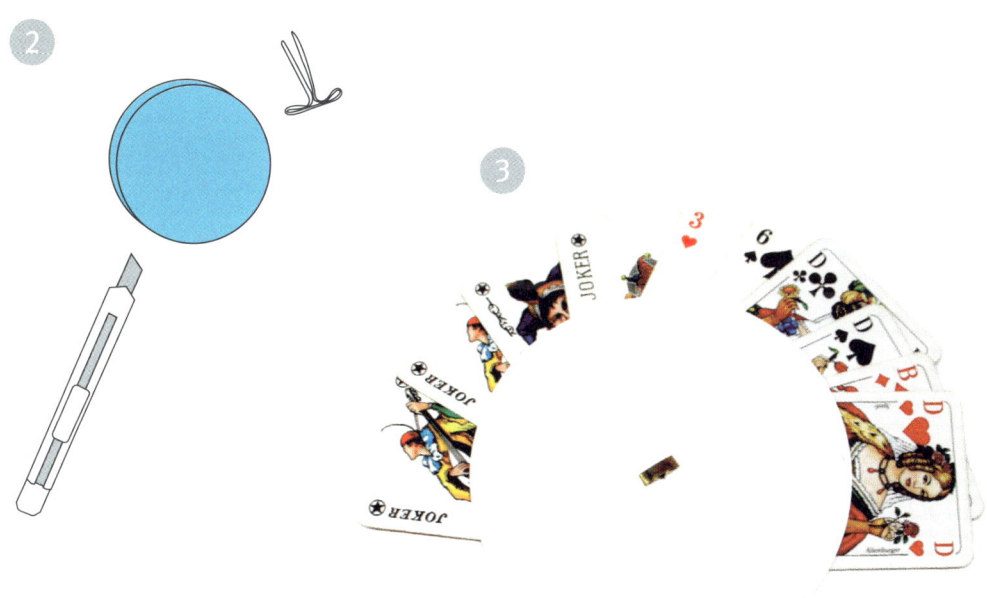

LESEN

HILFE FÜR DIE AUGEN

Ob Briefe von Freunden und Verwandten, Postkarten aus fernen Ländern, die Tageszeitung, Busfahrpläne oder ein Buch – Lesen bereichert und erleichtert das Leben.

 Ein Lineal hilft dabei, beim Lesen nicht in der Zeile zu verrutschen.

 Ein um den Zeigefinger gewickelter Küchengummi wird zum persönlichen Blattwender.

 Die Beeinträchtigung des Sehvermögens erschwert nicht nur das Erkennen und Lesen von Schrift, auch bestimmte Farben können zum Beispiel durch eine Linsentrübung nicht mehr richtig wahrgenommen werden. Verschiedene Farben, besonders Pastelltöne, lassen sich im Alter oft schwer unterscheiden. Beachten Sie dies beim Erstellen von Merkhilfen und bei der Auswahl von Druckerzeugnissen.

LESEN

 Diese Anleitung ist eher ein Experiment, das man besonders gut mit Enkelkindern machen kann. Der Spaß und das Entdecken, wie man durch einen Tropfen Wasser Dinge vergrößert sehen kann, stehen im Vordergrund.

1. Malen Sie eine Lupe auf die Pappe.

2. Nun schneiden Sie entlang der Linie die Lupe aus.

3. Um das Loch kleben Sie ein langes Stück Buchfolie und schlagen es um, sodass das Loch von beiden Seiten beklebt ist. Wichtig ist, dass die Folie nicht gespannt ist, sondern eine Vertiefung entsteht.

4. In diese Mulde träufeln Sie nun etwas Wasser hinein. Fertig ist die Lupe!

MATERIAL:
Buchfolie, Pappe, Wasser

WERKZEUG:
Stift, Schere

1

2

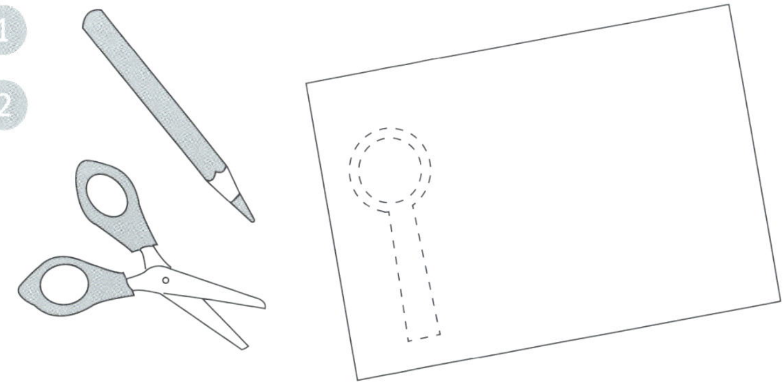

3

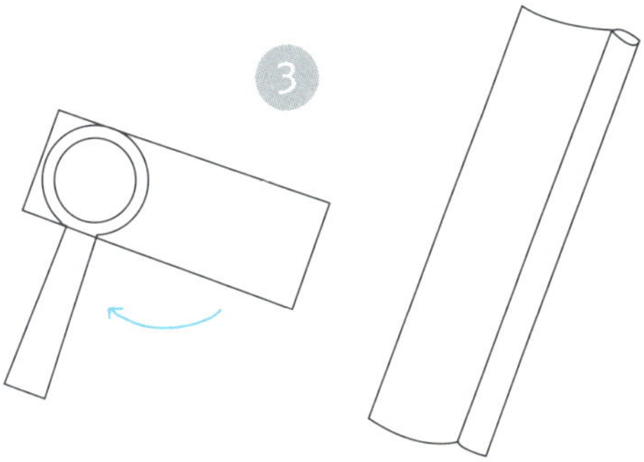

Achtung:
Wasser und Papier vertragen sich nicht immer so gut.

4

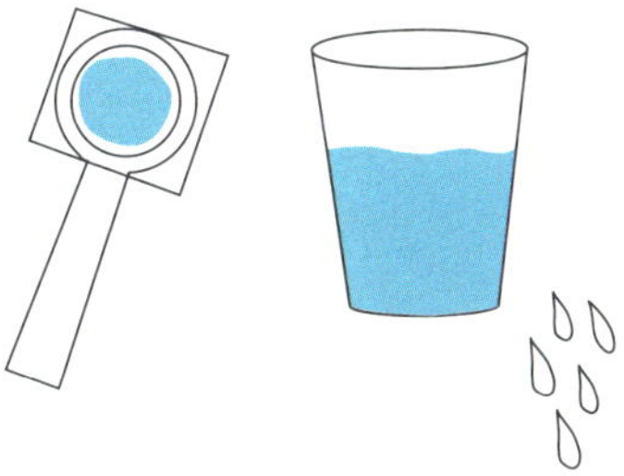

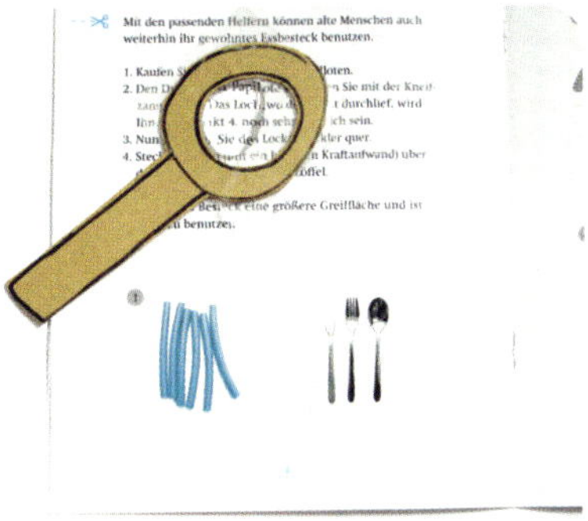

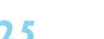

MERKEN

GEDÄCHTNISSTÜTZEN

Oft hilft es, durch einfaches Erklären vergessene Fähigkeiten zurückzuholen und mit der Unterstützung von Merkhilfen, zum Beispiel Klebezetteln, Hinweise zu geben.

Sollte Ihr Gegenüber an Alzheimer erkrankt sein, reichen einfache Merkhilfen bald nicht mehr aus. Früher oder später wird eine »Rundumbetreuung« nötig, um den Alltag zu meistern. Hier ist es wichtig, sich Hilfe zu holen und Aufgaben auch mal abzugeben. Seien Sie auch gut zu sich und sammeln Sie alle Kräfte. Binden Sie Familie oder Freunde mit ein oder wenden Sie sich an speziell ausgerichtete Institutionen, zum Beispiel die Alzheimer Gesellschaft in Ihrer Stadt.

ERINNERN

 Bilder oder Beschriftungen können die Selbstständigkeit unterstützen. Wichtig ist dabei die richtige Bildsprache. So sind bereits bekannte Motive leichter zu verstehen als moderne und abstrakte. Achten Sie auch auf die Ernsthaftigkeit der Bilder.

 Das Betrachten alter Fotos frischt persönliche Erinnerungen auf. Durch die Beschriftung der Fotos können Erinnerungen auch ohne Bezugsperson beim Betrachten wiederhergestellt werden.

 Eine gleichbleibende Umgebung erleichtert die Orientierung in den eigenen vier Wänden. Durch das Integrieren von Orientierungspunkten in der Wohnung können Sie an kurzzeitig vergessene Abläufe erinnern, zum Beispiel durch die Beschriftung der Türen. Das Schaffen von Ankerpunkten innerhalb der Wohnung und eine klare Ansprache helfen im Alltag.

Ein großer Kalender, an dem Wochentag, Datum, Jahr und Jahreszeit sowie das Programm des Tages abgelesen werden können, hilft bei der zeitlichen Orientierung und vermittelt Sicherheit. Wenn vergangene Tage »abgehakt« werden, erscheint das aktuelle Datum umso deutlicher.

 Aktivität stärkt das Gedächtnis. Nutzen Sie spezielle Kurse und Veranstaltungen für Senioren, zum Beispiel Gedächtnistraining, Spielrunden, Themenabende oder einfach nur schöne Ausflüge. Auch in der »Apotheken Umschau« und ähnlichen Zeitschriften finden Sie Übungen, die das Gedächtnis fordern und fördern.

Überlegen Sie sich eigene kleine Übungen, um das Gedächtnis Ihres Gegenübers herauszufordern. Zum Beispiel »Welche Gegenstände/Tiere/Pflanzen beginnen mit dem Buchstaben A?« Oder geben Sie ein Wort vor, und Ihr Gegenüber muss sich ein neues Wort mit dem Endbuchstaben Ihrer Vorgabe überlegen, zum Beispiel »Haus«, »Sonnenblume«, »Eiszapfen« usw.

KLEIDUNG

AUSZIEHEN

Beim Ausziehen am Abend sind die Schwierigkeiten oft dieselben wie morgens beim Anziehen (→ Seite 36). Besonders schwierig ist das »Über-den-Kopf-ziehen« von Pullovern und das Aufknöpfen von Strickjacken.

 Stellen Sie einen Stuhl dorthin, wo das Ausziehen stattfindet, so gibt es einen festen Platz für die abgelegten Anziehsachen. In der Regel wird die Kleidung dort abgelegt, wo man sie am nächsten Tag wieder anzieht. Tauschen Sie bei Bedarf schmutzige Sachen aus und legen frische Unterwäsche für den nächsten Tag bereit.

 Kaufen Sie generell einfach zu reinigende Anziehsachen. Wenn Sie nicht gerade so gerne Bügeln wie ich, eignen sich auch Anziehsachen, die ohne Bügeln gepflegt aussehen.

 Achten Sie auf das Gewicht der Kleidungsstücke, denn es kann das An- und Ausziehen erleichtern oder erschweren. Je schwerer die Kleidung, desto mehr Kraft wird beim An- und Ausziehen benötigt.

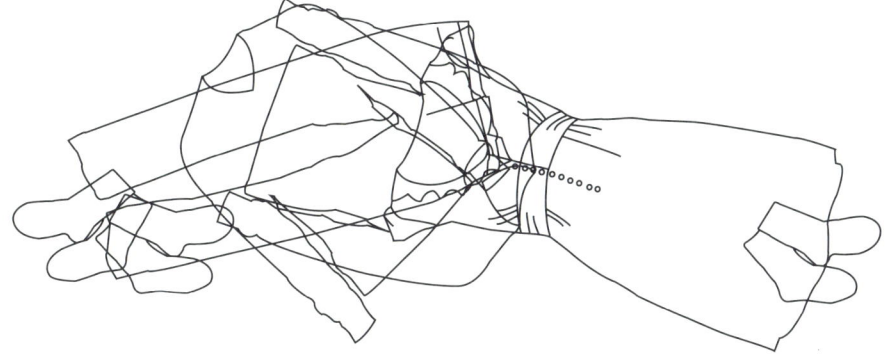

KLEIDUNG

 Der Schuhknecht erleichtert das Ausziehen von Schuhen.

1. Sägen Sie aus einem Stück Holz (50×13×2 cm/H×B×T) ein 10×13 cm langes Stück für den Steg ab.

2. Dann übertragen Sie mit einem Bleistift die Form der Schablone (→ Beilage) auf das größere Stück Holz.

3. Nun sägen Sie entlang der Zeichnung.

4. Schleifen Sie im Anschluss die scharfen Kanten ab.

5. Als nächstes bohren Sie zwei Löcher mit gleichem Abstand (Achtung! Nicht zu tief) sowohl in die lange Kante des Stegs als auch in das vordere Drittel des Schuhknechts.

6. Im Anschluss füllen Sie einen Tropfen Leim in die Löcher und stecken die Dübel hinein.

7. Nun verbinden Sie das Brett mit dem Steg.

8. Zum Schluss kleben Sie noch ein Stück Filz mit etwas Kleber oder der Heißklebepistole in die Rundung des Schuhknechts, um ein Zerkratzen der Schuhe zu vermeiden.

MATERIAL:
Holz, Filz, Holzdübel

WERKZEUG:
Bleistift, Säge, Bohrmaschine, Leim, Kleber, Schmirgelpapier, Schablone

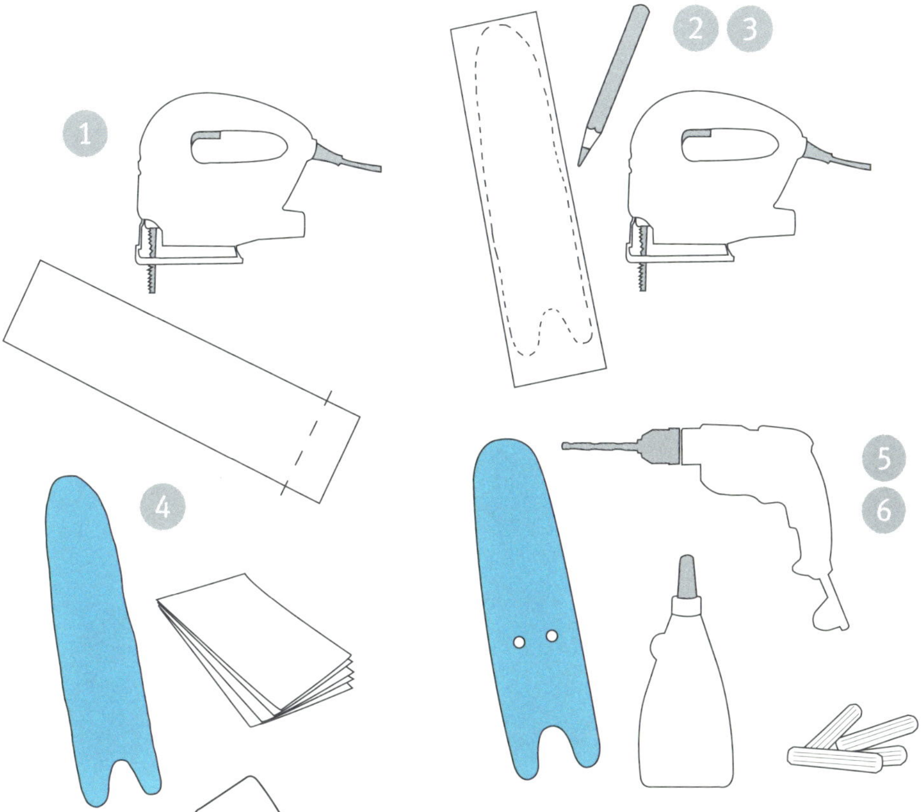

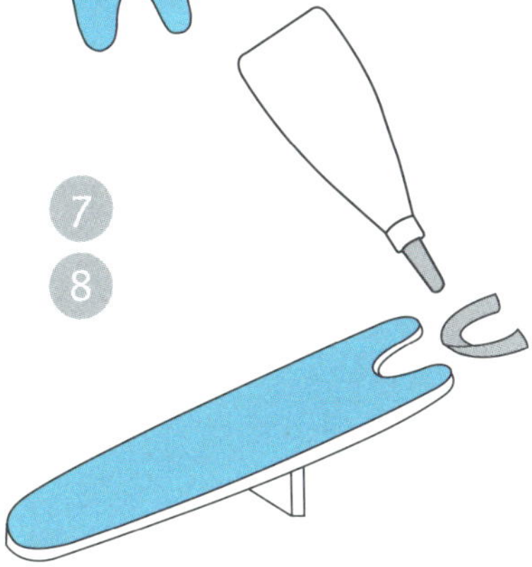

ALTERNATIVEN

Hier finden Sie verschiedene Produkte zu Alltagssituationen aus dem Kapitel »Abends«.

SPIELKARTENHALTER
Material: Kunststoff
Maße: 22 × 11 cm
Besonderheiten: für normale und große Karten geeignet
Hersteller: »Rehaforum Medical«
Preis: 2er Set ca. 11 €

HANDLUPE
Material: Glas und Kunststoff
Maße: 24 × 10 × 3 cm
Linsengröße: 12 × 7 cm
Besonderheiten: leuchtet, inkl. Batterie, 2-fache Vergrößerung
Vertrieb: »www.sehhelfer.de«
Preis: ca. 15 €

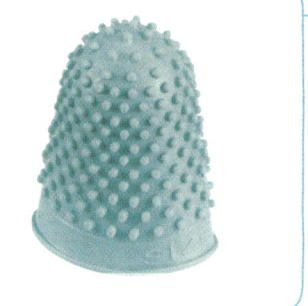

BLATTWENDER
Material: Kautschuk
Durchmesser: 20 mm,
Besonderheit: leichtes Umblättern durch die Noppen
Vertrieb: »OTTO«
Preis: ca. 0,50 €

DAUERKALENDER

Material: Karton, Polyester
Maße: 30,5 × 54 cm
Maße: Einstecktaschen der Bilder 28 × 24 cm.
Hersteller: »Wehrfritz«
Preis: ca. 20 €, extra Kartenset ca. 7 €

AN- UND AUSZIEHHILFE DELUXE

Material: Holz, Kunststoff, beschichteter Draht
Länge: ca. 70 cm
Vertrieb: u. a. »sanitaetsbedarf-shop.de«
Preis: ca. 9 €

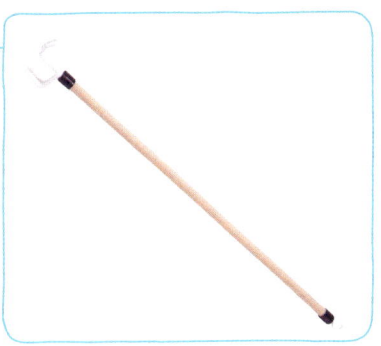

ELASTISCHE SCHNÜRSENKEL

Material: Nylon und Elasthan
Länge: 45 cm
Besonderheiten: nur einmaliges binden nötig
Hersteller: »homecraft«
Preis: ca. 10 €

SICHERHEIT

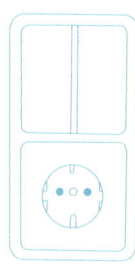

SCHALTER

Schalter und Knöpfe gibt es überall: am Herd, an der Mikrowelle, am Wasserkocher, am Radio, am Fernseher, an der Lampe oder der Gegensprechanlage… Bei älteren Menschen kann es häufiger passieren, dass Schalter unbewusst betätigt werden oder vergessen wird auszuschalten. Während brennende Glühbirnen nur ärgerlich sind, führen vergessene Herdplatten zu bedrohlichen Situationen.

 Sorgen Sie in der Wohnung für Rauchmelder und einen Hausnotruf. Für Situationen, in denen der Rauchmelder mal »falschen Alarm« meldet, sollte ein Hocker, ein Besenstiel oder Ähnliches bereitstehen, mit dem sich das Gerät schnell deaktivieren lässt.

SICHERHEIT

 Um zu vermeiden, dass Schalter überhaupt betätigt werden, können Sie diese mit Klebeband fixieren. So vermeiden Sie beispielsweise das unnötige Brennen von Licht oder das versehentliche Anmachen einer Herdplatte.

1. Fixieren Sie den entsprechenden Schalter mit ausreichend Klebeband so, dass er nicht mehr betätigt werden kann.

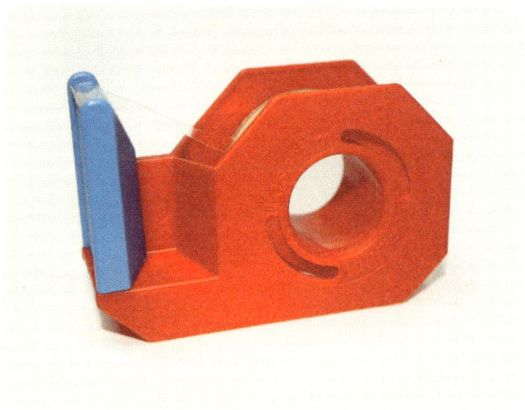

MATERIAL:
Klebeband

WERKZEUG:
Schere

1
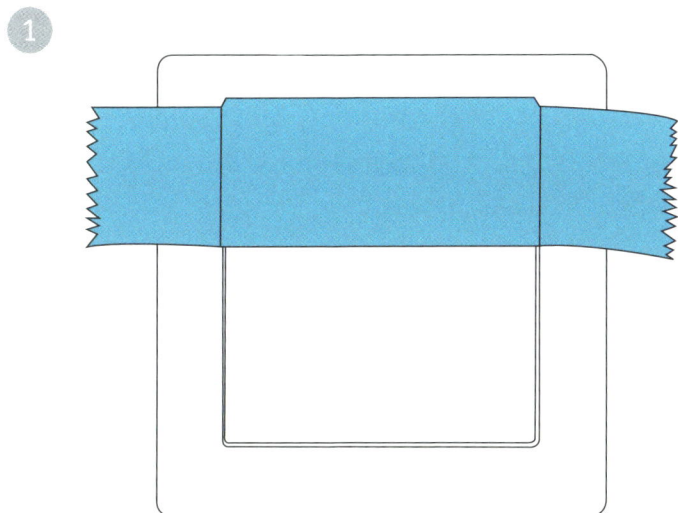

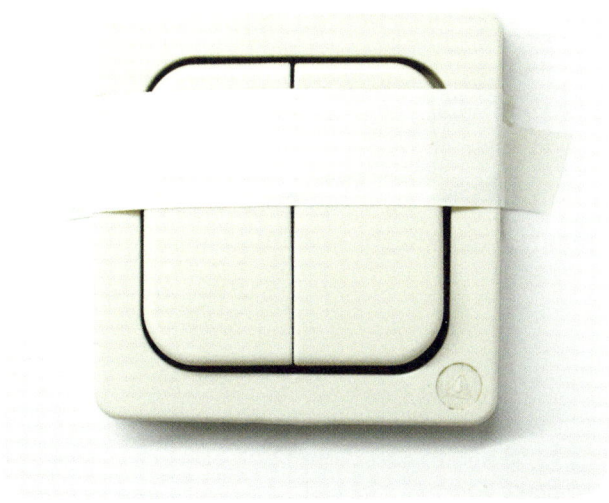

SCHLAFEN

ZUR RUHE KOMMEN

Das kennen wir alle: Hat man schlecht geschlafen, ist man am nächsten Tag erschöpft und oft auch unausstehlich. Schlafstörungen können viele Ursachen haben, zum Beispiel starke Unruhe, Sorgen, Pläne, Grübeln…

 Finden Sie heraus, was das Problem ist. Wirken eher seelische oder körperliche Befindlichkeiten in den Schlaf hinein? Fragen Sie detailliert nach und notieren Sie Anlässe und Auffälligkeiten, um die Situation zu verstehen.

 Speziell bei Menschen mit Alzheimer kann es durch innere Unruhe oder Verwirrtheit zu einem verstärkten Weglaufverhalten kommen. Innerhalb der Wohnung sind besonders Treppen oder die Küche gefährlich. Noch aufregender wird es außerhalb der Wohnung. Um Einfluss auf das Weglaufverhalten zu nehmen, können Türen »unsichtbar« gemacht werden, indem man sie in der entsprechenden Wandfarbe streicht. Umgekehrt helfen Farbkontraste dabei, wichtige Türen zu erkennen und zu benutzen.

SCHLAFEN

 Um das Durchschlafen in der Nacht zu erleichtern, kann es hilfreich sein, Nickerchen am Tag zu vermeiden. Auch Aktivitäten wie Spaziergänge, Gedächtnisübungen oder körperliche Tätigkeiten, soweit noch möglich, helfen dabei, nachts besser durchzuschlafen.

 Bei Menschen mit Alzheimer kommt es häufig vor, dass »ungetane Aufgaben« sie daran hindern, zur Ruhe zu kommen und Schlaf zu finden. Hier bietet sich an, die Person vor der Bettruhe eine Aufgabe erledigen zu lassen. Wenn die Person zum Beispiel keine Ruhe findet, weil sie glaubt, noch Post erledigen zu müssen, geben Sie ihr einen Stapel Briefumschläge und Blätter und bitten Sie darum, diese einzutüten und versandfertig zu machen. Ist die Sache abgearbeitet, verschwindet die Unruhe und Ihr Gegenüber kann erleichtert schlafen gehen.

 Um mitzubekommen, dass die betreffende Person aufsteht und den Raum verlässt, helfen sogenannte Sensormatten (→ *»Alternativen«*, Seite 149). Eine günstige Alternative sind Sensormatten aus der Zoohandlung, diese haben die gleichen Funktionen, kosten aber nur einen Bruchteil.

 Leuchten Sie wichtige Wege aus. Besonders nachts lassen sich so Gefahrensituationen vermeiden.

SCHLAFEN

 Für eine simple und günstige »Alarmanlage« benötigen Sie nur ein Glöckchen aus dem Bastelladen, einen Faden und einen Nagel.

1. Binden Sie den Faden an die Glocke.

2. Schlagen Sie einen Nagel über der Tür in die Wand.

3. Nun binden Sie den Faden mit der Glocke an den Nagel, sodass die Glocke auf der Tür ruht und beim Öffnen anfängt zu läuten.

Beim Öffnen der Tür klingelt das Glöckchen und Sie können entsprechend darauf reagieren.

Je mehr Glocken Sie nehmen, umso lauter ist das Geräusch beim Öffnen der Tür.

MATERIAL:
Glocken, Faden, Nagel

WERKZEUG:
Hammer

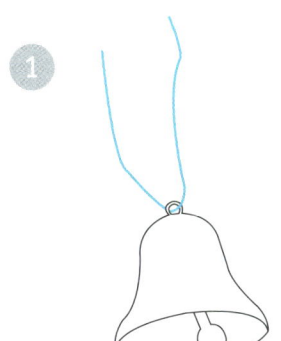
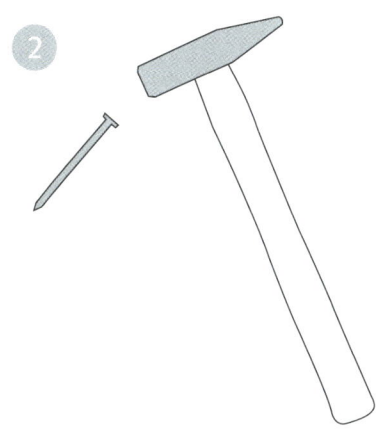
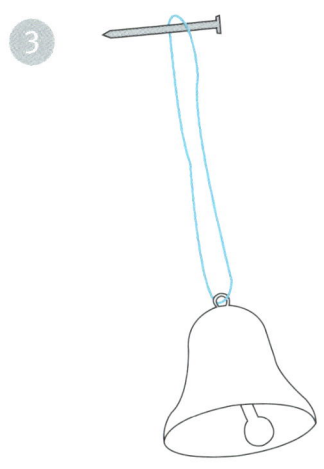

ALTERNATIVEN

Hier finden Sie verschiedene Produkte zu Alltagssituationen aus dem Kapitel »Nachts«.

HERD-SICHERUNG (G141)

Material: Plastik
Durchmesser: außen 6,5 cm, innen 5,5 cm
Lochdurchmesser: ca. 1,9 cm
Höhe: ca. 4 cm
Den Verschluss einfach unter die abziehbaren Bedienknöpfe des Herds stecken.
Hersteller: »dreambaby«
Preis: 4er Set ca. 11 €

Achtung: Die Knöpfe müssen einen Mindestabstand von 7 cm haben

GERÄTE-VERSCHLUSS (G803)

Material: Kunststoff
Maße: ca. 80 × 55 × 25 cm
Besonderheiten: geeignet für Backofen, Mikrowellen, Geschirrspüler, Waschmaschinen und Wäschetrockner
Hersteller: »dreambaby«
Preis: ca. 7 €

LED-NACHTLICHT (NL-1044)
Maße: 80×80×50 cm
Besonderheiten: schaltet automatisch bei Dunkelheit »EIN« und bei Helligkeit »AUS«, Helligkeit 2-stufig einstellbar
Hersteller: »m-e«
Preis: Einzelpreise ca. 9 €

»CAREMAT« KONTAKTMATTE
Material: Polyurethan
Maße: 110×70×0,9 cm
Gewicht: 6,5 kg
Sonstiges: Kabellänge 3 m
Bei Betreten der Matte wird ein Signal über die Rufanlage ausgelöst.
Hersteller: »Bircher Reglomat AG«
Preis: ca. 498 €

ZUM SCHLUSS

P.S.

Dass dieses Buch, das Ergebnis meiner Masterarbeit, nun erscheint und nicht zuhause im Regal verstauben muss, sondern im besten Fall anderen Menschen hilft, macht mich sehr glücklich und auch ein bisschen stolz.

Wenn Sie Anregungen oder (nette) Kritik zu den Do-it-yourself-Tipps haben, können Sie mir schreiben unter:

ichhelfdir.anneke@gmail.com

Ich möchte gerne erfahren, zu wem dieses Buch gefunden hat.

Viele Menschen haben mich in der Zeit des Sammelns, Ausdenkens, Experimentierens und Bauens begleitet und unterstützt. Ihnen allen gehört mein tiefster Dank.

Danke Mama und dem Rest meiner bezaubernden Familie.
(Na, Jasper hast du dich in dem Buch schon entdeckt!?)

Außerdem Barbara, Laura und Sarah, ohne die das Buch nicht so aussehen würde, wie es aussieht. Den Mastergirls für die immer schöne und manchmal stressige Zeit. Speziell dir, Nora, für deine Geschichte. Meinen Mitbewohnerinnen dafür, dass ich nicht verhungern musste. Maria für das Brainstormen in letzter Sekunde. Kiki (als eine von vielen) für ihre Begeisterung für mein Buch, ohne es bisher gesehen zu haben. Basti und Margret einfach so, weil es mir am Herzen liegt.

Ich danke allen Menschen die mich fachlich unterstützt haben und mir mit Rat und Tat zur Seite standen:

Frau Baselau, Frau Melcher, Frau Marx, Frau Bednarik, Herrn Friedrich und den Angestellten der Tagespflege, Prof. A. Martini und Prof. M. Godau für das Betreuen der Masterarbeit, Prof. B. Müller für das Kennenlernen des kleinen, entzückenden Achtelgeviert und Prof. N. Beucker als, man könnte sagen, Grundsteinleger für dieses (soziale) Thema.

Weiter danke ich Tarek Münch und allen anderen Beteiligten vom Beltz Verlag für ihr Vertrauen in mich und mein Buch.

ANHANG

HERSTELLERLISTE

BIRCHER REGLOMAT (SCHWEIZ)
Schwerpunkt: Sicherheits- und Sensorsysteme
00 41 (52 68 7) 11 11 // www.bircher-reglomat.com // info@bircher.com

DORO
Schwerpunkt: Seniorentelefone
www.dorodeutschland.de // support.de@doro.com

DYCEM
Schwerpunkt: Sicherheit (Anti-Rutsch-Produkte)
(0 47 61) 88 61 00 // www.dycem.de

ETAC
Schwerpunkt: Rollstühle, Bad und Toilette, Alltagshilfen
(0 23 65) 98 71 0 // www.etac.de // bestellung@etac.de

M-E
Schwerpunkt: Funk-Türglocken, Durchgangsmelder
(0 44 86) 92 04 0 // www.m-e.de // info@m-e.de

ORNAMIN
Schwerpunkt: Esshilfen
(0 57 1) 88 80 8-0 // www.ornamin-provita.de // shop@ornamin-provita.com

OTTO
Schwerpunkt: Anziehsachen, Möbel, Heimtextilien
(0 18 06) 30 30 30 // www.otto.de // service@otto.de

OXO (AMERIKA)
Schwerpunkt: Hilfsmittel zum Putzen und Kochen
(0 80 00) 545-44 11 // www.oxo.com

REER
Schwerpunkt: (Kinder-) Sicherheit
(0 71 52) 92 85 2-0 // www.reer.de // info@reer.de

REHASTAGE
Schwerpunkt: Rollstühle, Greifhilfen, Aufrichthilfen
(0 54 31) 90 39 29 4 // www.reha-stage.com

REISENTHEL
Schwerpunkt: Taschen
(0 81 05) 90 73 206 // www.reisenthel.com

RUSSKA
Schwerpunkt: Pflege zu Hause, Alltagshilfen, Orthopädie
(0 51 02) 91 73 // www.russka.de // info@russka.de

HERSTELLERLISTE

SANITAETSBEDARF-SHOP.DE
Schwerpunkt: Vertrieb von verschiedenen Produkten aus den Bereichen: Gesundheit, Häusliche Pflege, Mobilität u. a.
(0 511) 98 43 2879 // www.sanitaetsbedarf-shop.de

SANIVITA
Schwerpunkt: Vertrieb von verschiedenen Produkten aus den Bereichen Reha, Mobilität, Sicherheit, Alltagshilfen u. a.
(0 800) 87 44 874 // www.sanivita.de

SWERECO (SCHWEDEN)
Schwerpunkt: Rollstühle, Alltagshilfen (Bad und Küche)
00 46 (84 44) 38 20 // www.swereco.com // info@swerecogroup.se

VITILITY
Schwerpunkt: Alltagshilfen
www.vitilitycare.com

WENKO
Schwerpunkt: allgemein nützliche Dinge für zu Hause
(0 21 03) 57 3-270 // www.wenko.de // wenko@wenko.de

WEHRFRITZ
Schwerpunkt: Ergotherapie, Motorik, Spiele
(0 800) 88 27 77 3 // www.wehrfritz.de //
service@wehrfritz.de

QUELLEN

QUELLEN UND INTERESSANTES ZUM WEITERLESEN
www.nassrasur.com/anl-vp.html (Rasieren)
www.sueddeutsche.de/wirtschaft/supermarkt-
    fuer-aeltere-der-laden-mit-lupe-1.898600
http://hilfsmittel.gkv-spitzenverband.de/home.action
www.dbsv.org/nc/startseite
www.portal-fuer-senioren.com
www.uke.de/extern/eurofamcare-de

ZUM THEMA DEMENZ
www.deutsche-alzheimer.de
www.alzheimer-forschung.de
www.demenz-support.de/home
www.awo-obb-senioren.de/spezialist-fuer-demenz
http://wissen.malerblatt.de/gestaltung/
    grundlagen/2526-farbgestaltung-fuer-senioren.html

BILDNACHWEIS
www.russka.de (Strumpf-Anzieher): S. 44
www.rehaforum.de (Drehkissen): S. 44
www.amazon.de (Tablettenteiler): S. 44
www.care-idee-shop.de (Tablettenausdrückhilfe): S. 45
www. etac.de (Rückenschwamm): S. 45
www.paro.com (Superbrush Zahnbürste): S. 45
www.reisenthel.com (Trolley): S. 80

www.amazon.de (Einkaufstüten-Tragehilfe): S. 80
www.seniortoo.com (Zubereitungsmesser): S. 80
www.amazone.de (Good Grips Eßbesteck): S. 81
www.amazone.de (Strohhalmhalter): S. 81
www.oxo.com (Langstieliger Staubwedel): S. 81
Archiv der Alzheimer Gesellschaft Pfalz e. V.: S. 103
www.vanraam.de (Tandem): S. 110
www.amazone.de (Kniekissen): S. 110
www.sanivita.de (Mobiltelefon): S. 110
www.sanivita.de (Großtastentelefon): S. 111
www.handmasterplus.com (Handmaster): S. 111
www.amazone.de (Venentrainer): S. 111
www.rehaforum.de (Spielkartenhalter): S. 134
www.sehhelfer.de (Handlupe): S. 134
www.otto.de (Blattwender): S. 134
www.wehrfritz.de (Dauerkalender): S. 135
http://sanitaetsbedarf-shop.de (An-und Ausziehhilfe): S. 135
www.sanivita.de (Elastische Schnürsenkel): S. 135
www.dreambaby.com.au (Herd-Sicherung): S. 148
www.dreambaby.com.au (Geräte-Verschluss): S. 148
www.voltus.de / www.m-e.de (LED-Nachtlicht): S. 149
www.gesundheitsmeile.de / www.caremat.ch
   (Kontaktmatte): S. 149